装幀　原　孝夫

# はじめに

学校栄養職員の皆さんの出番がやってきた。二〇〇二（平成十四）年度から小・中学校、二〇〇三（平成十五）年度から高等学校に総合的な学習の時間が完全実施されることになり、その授業の一環として食の授業が全国的に展開されてきている。これまでは学校に籍がありながら、実際の子どもたちに接する機会が少なかった学校栄養職員の方々が、教室で子どもたちに教えることが多くなってきているという。

本書は、そのような学校栄養職員と実際の授業に責任をもっている教師の皆さん向けに、食の授業をどのように展開したらいいかについて述べたものである。

私が学校給食や学校栄養職員の皆さんの世界に足をふみ入れたのは、まったくの偶然であった。二〇〇〇（平成十二）年の夏、文部省（当時）主催の健康教育シンポジウムで講演を依頼され、おずおずと出向いて話をさせていただいたことがきっかけであった。それ以降、全国あちこちの研究会に招待され、話をさせていただいたのだが、初めはどうして門外漢の私を呼ぶのかがわからなかった。かつて、十年間にわたって食の教材化に打ちこんだことがあり、その蓄積をもとに話をしたにすぎないのだが、次第に私のほうにも、事の重要性が理解されてきた。

一方では、現代の子どもたちの食生活をめぐる状況が悪化していること、そしてそのことについていちばん話をしてほしいのは学校栄養職員の皆さんであること、しかし学校栄養職員の方々は授業についてはは特別な訓練を受けていないことが多いこと、などがわかってきた。そこで、初めて教室に立って指導する方々のための入門書的な本が必要だということになった。

本書は、この二年間ほどに書いた文章をリライトしたものに、書き下ろしの文章を加えて成り立っている。

Ⅰ章では、総合的な学習についての最新の思いを書き、さらにそこで食を取り扱うべき根拠を示した。

Ⅱ章では、私が長く開発してきた食の授業づくりの実践を紹介し、食の授業とはどんなものかを示した。

Ⅲ章では、全国の郷土料理を取り上げ、それらをそれぞれの地域で授業に積極的に取り込んでいってほしいというメッセージとした。

最後にⅣ章では、これから教室に立つ人のために、授業というもののノウハウを詳しく解説した。

私の教材開発を見て、森羅万象すべてを教材化してしまうと評してくださったのは、カバゴンこと教育評論家の阿部進先生であった。おっしゃるとおり、たしかに、私は人間を取り巻くすべてが学習の材料であり、森羅万象学べぬものはないと考えてきた。私の教材開発は歴史的にいえば地名、食べ物、マンガの三つのジャンルに分けられるが（それに加えて韓国が近く入ることになる）、いずれも十年単位で取り組んできている。中途半端ではない、というところが特徴といえようか。

それぞれの世界に深く入っていき、そこで自分に何ができるかを考えてきた。それぞれの世界にはエキスパートがいる。そのような人々と肩を並べることなぞできるわけもない。そこで、到達した結論は、「応援団」に徹することであった。エキスパートにはなれないが、それを子どもたちに伝えたり、子どもの生活に下ろしたレベルで教育として語ることはできるし、それこそが自分の役割だと考えるようになった。私はマンガを描くことはできないし、マンガ家にはなれないが、教育の立場でマンガを論じることはできる。その意味で、私はたぶん日本でも有数のマンガ応援団の一員である。

食の世界でも同じことである。私は学校栄養職員ではないのだから、直接学校給食にかかわることはできない。私にできることは、学校栄養職員の皆さんが授業をどうしたらいいかわからないといったときに、授業についてのサジェスションを出すこと程度である。本書がそのニーズに十分応えているかは自信がないが、それは新参者（ニューカマー）としてお許しいただくしかない。

私が食教育の世界に入るきっかけをつくってくれた方が二人いる。一人は二年前の講演に呼んでいただいた文部科学省の米満裕氏である。米満氏とは長いつきあいで、もとをただせば私が担当していた教育原理の受講生だったときに発している。それ以降、私の主宰してきた研究会の主要なメンバーでもあり、二十年間にわたって指導してきた千葉県習志野市立谷津小学校の教諭でもあった。このようなきっかけをつくっていただいたことに心から感謝申し上げたい。

もう一人は、全国学校給食協会の細井壯一氏である。突然電話をいただき、創刊予定の月刊『食の学舎《まなびや》』に連載してほしいと依頼されたのはもう二年半前である。当時多忙であったので、渋っていたのだが、強引に口説かれ、二年間の連載をすることになった。結果的には、私の世界の扉を押し広げてもらえる結果になった。

この本は細井氏の強い熱意がなければ生まれることはなかった。本書は細井氏と私の二人三脚の産物である。同氏の誠意ある本づくりに感動しながら、感謝の言葉を述べたい。

また、本書には楽しいイラストがたくさん入っているが、これは日頃から親しくさせていただいているマンガ家の倉田よしみ氏によるものである。倉田氏は『味いちもんめ』の作者として知られているが、その作品に流れるヒューマニズムに心を打たれるファンは多い。

今回の装幀も長年〝マンガジャパン〟でお世話になってきたグラフィックデザイナーの原孝夫氏にお願いした。こんなに素晴らしいデザインを考えてくれた友人をもつことを心より誇りに思う。

食の研究が楽しいのは、このような素晴らしい仲間たちに支えられてきたおかげである。本当にうれしく、感謝の気持ちを表したい。

これからさらに学校栄養職員の皆さんとのネットワークが広がっていく。学校栄養職員の皆さん、今が出番です。

二〇〇二年四月二十日　竹園にて

谷川彰英

◉もくじ◉

山の弁当

BONSAN

# I　総合的学習と食がわかる

# 1　総合的学習で学力は低下するか

## 低学力論

現在の教育課程ができ上がったのは一九九八（平成十）年のことである。私は一九九八（平成十）年の二月から翌年の二月まで、教育課程のなかでも小学校の生活科の調査研究協力者の会合の主査として改訂に携わった。月二回のペースで文部省（当時）に通い、学習指導要領の改訂と解説書の執筆に当たった。もちろん、当時から二〇〇二（平成十四）年度より、学校五日制が完全実施されることや、「総合的な学習の時間」が新設されることは自明のこととして議論されていた。新教育課程について大きな疑問点は出されておらず、総合的な学習に対しても大きな期待が寄せられていた。

ところが、新教育課程ができ上がり、いざ実施する段階になって、いわゆる「低学力論」があちらこちらで澎湃《ほうはい》としてわき上がってきた。簡単にいえば、このような教育課程で子どもたちの学力は保障されるのか、といった疑問である。この低学力論は教育関係者ではなく、むしろ一般市民からわき上がってきたところに特色がある。『分数のできない大学生』などといった本がベストセラーになったり、大学生の基礎学力の低下まで問題になってきた。

たしかに、文部省も、新教育課程の改訂に当たっては、ずいぶん大胆な改革を行った。それは教育内容の「厳選」であった。それまでは、内容の「精選」という言葉で表現してきたが、今度は思いっきり内容を三割減らすということで「厳選」という言葉を用いたのである。これは教育政策的に正しかったか。その判断は難しいが、その後の展開をみると、行きすぎであったことは否めない事実だ。

厳選には厳選なりの理屈はあったのだが、学校教育の実態に疎い一般市民は、これまでできていたことができなくなっている、だから新教育課程はおかしい、という判断をしてしまうのである。それはそれでやむをえないことでもある。

しかし、問題はどこにあるかというと、世間から低学力論が出されるや、文部科学省は学習指導要領は最低限の基準だから、そこに載ってない内容を教えても構わないといってみたり、土曜日を使って補習をやっていいといってみたり、学習塾で教えてくれといってみたり、実に揺れ動いている。教育課程の改訂に携わった人間としては、もう少しきちんと対応してもらいたいものだ。自信をもって、これでいいのだといってほしいのである。

世でいう低学力論とは、つまるところ、こんな計算もできない、こんな漢字も書けない、都道府県の名前もいえない、といった知識面のことである。それじたい間違っているとはいえない。教育の課題として知識を伝えていくことは重要なことである。

こういう低学力論は日本の教育史のなかでは繰り返し繰り返し現れている。そのいちばん象徴的なものは、戦後の「新教育」に対して起こった低学力論であった。

敗戦直後の教育はアメリカの経験主義の思潮の影響を受け、「児童中心主義」すなわち子どもの興味・関心を大切にして、それを伸ばそうと考えた。それは「はいまわる経験主義」と批判され、やがて知識を系統的に教えていく系統主義が主流をなしていくことになる。日本の教育界というところは、このようなことを繰り返している。それをもう少し説明してみよう。

戦後にかぎってみれば、敗戦直後の七、八年は経験主義の教育一色であった。それに対して一九五二（昭和二十七）、一九五三（昭和二十八）年ころから、系統主義が台頭し、やがて一九五八（昭和三十三）〜一九六〇（昭和三十五）年の学習指導要領に至っては、系統的な知識を重視するようになる。この繰り返しを何度かして、一九九八（平成十）年に出された学習指導要領は子どもの主体性などを重視した教育課程になったというわけである。この学習指導要領にもいずれ、低学力論が出てきて、揺りもどしが来るとは予想はしていたものの、こんなに早く来るとは思わなかった。これが現実である。

ところで、重要なことは、戦後まもなくの低学力論と現代のそれが、基本的には少しも違っていないことである。結局、いっていることは、今の子どもは何も知らない、計算もできなければ、漢字も書けない、といった主張なのである。これは素人の論だけに説得力があるし、またそれだけ取り出してみれば間違ってもいない。

問題は、文部科学省のサイドがそれに振り回されることである。さきに述べたように、補習や塾に頼むとなったら、明らかに文部科学省が敗北を認めたも同然ではないか。五十年前の論と同じものに屈服するとしたら、いったい日本の戦後の教育はなんだったのかと問いたい。

## 総合的な学習の時間の本質

よく世間では、総合なんて子どもを遊ばせてばかりで、なんの力もつきゃしない、あんなことばかりやっていると子どもはますますばかになる、というような意見を聞く。それは、総合的な学習の時間の本質を見抜けない人の意見である。文部科学省の教科調査官の方々でさえ、この総合の時間の本質を見抜いていないかもしれない。

学者というものは、物事の本質を見抜くことが最大の役割である。

これまでの教育課程は「各教科」と「道徳」と「特別活動」の三つの領域で構成されていた。今回はそれに加えて、「総合的な学習の時間」が設けられたのである。しかも、それはさきの三つの領域のあとに位置づけられたわけではなく、「総則」のなかに書き込まれた。これが最大の特色である。つまり、各教科・道徳・特別活動と並ぶものではないということである。

一九九八（平成十）年度、文部省に通って改訂作業をしているなかで、おかしいと思うことがあった。従来の教科の改訂作業はどんどん進んでいくにもかかわらず、総合の作業は一向に開始される気配もなかったことである。その背景が理解できたのは、中間発表があった一九九八（平成十）年十一月十八日のことであった。この時点で総合のことは総則に入り、しかも、この「時間」に関しては、各学校で自由にネーミングしていいということが明らかになったのである。

この時点で、私は総合の本質を見抜くことができた。その本質とは、国家の枠から自由であるということである。

図で説明する。小学校では、低学年に「生活」がある。この「生活」も教科であるから、三学年以上の算数・国語・社会などと同じである。各教科・道徳・特別活動とも、学習指導要領という国家の枠で縛られている。学習指導要領には、各教科ごとに「目標」「内容」

「内容の取扱い」が書かれている。これは全国一律に実施されるものであり、教科書もそれに基づいて執筆され、検定をパスしたもののみが使用を許される。わかりやすくいうと、何年では漢字はこれ、計算はこれ、と指定されているのである。

それに対して、総合的な学習の時間にはそれがない。存在しないのである。総則にはたしかに「国際理解、情報、環境、福祉・健康などの横断的・総合的課題」「児童（中学校では生徒）の興味・関心に基づく課題」「地域や学校の特色に応じた課題」という三つの課題が記されているが、これらはあくまでも「例えば」ということであり、単なる例示にすぎない。やれといっているわけではない。このことの確認が大切である。

小学校におけるカリキュラム構造

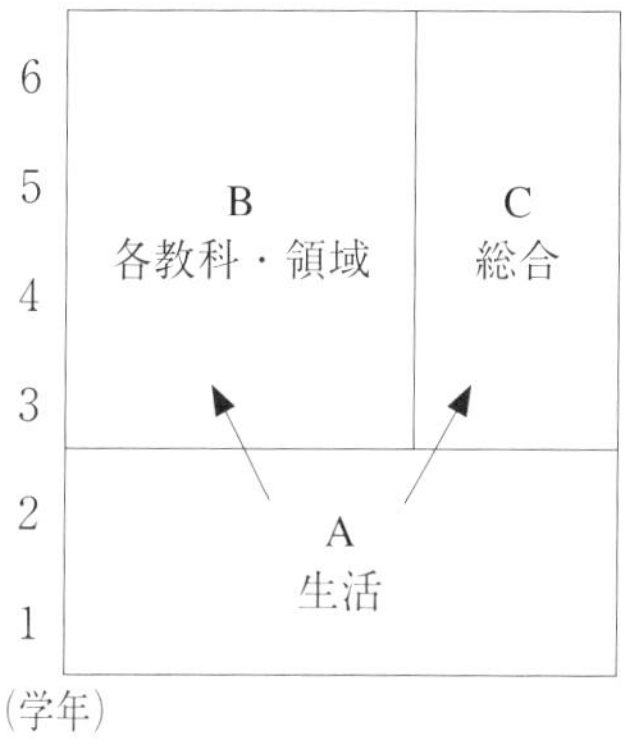

世間の人々に総合的な学習の本質が理解されていないのは、総則の表現に対する理解が浅いからである。総則を見ると、「自ら課題を見付け、自ら学び、自ら考え、主体的に判断し、よりよく問題を解決する資質や能力を育てること」といった表現や、「学び方やものの考え方を身に付け、問題の解決や探求活動に主体的、創造的に取り組む態度を育て、自己の生き方を考えることができるようにすること」といった表現がある。実はこの文言だけを見ていると、人は混乱するのである。これらの表現だけ見ると、従来の教科とどこが違うのだろうかと思ってしまう。社会科や理科、算数・数学でも問題解決能力の育成は謳ってきたし、主体的、創造的に取り組ませるなどということは、どの教科でも行ってきたのである。だから、学校現場は混乱しているのである。

それは、教科と総合との関連を〈方法論〉の面から見ているからである。そうではなくて、〈カリキュラム論〉の面から見ると、物の本質が見えてくる。

すでに述べたように、総合的な学習の本質は国家の枠から自由である点にある。自由であるということは、どんな内容を扱ってもいいということである。つまり、子どもや学校、地域の実態に応じて自由にカリキュラムを編成していいといっているのである。方法面、つまり、どう教えるかといったレベルでは、何もそう変わるものではない。授業を見て、これが教科の教え方、これが総合の教え方などといったものがあるわけではない。これは当たり前のことである。

だから、私たちはもっと本質を明確につかむ必要があるのである。目に見えるのは学習の活動だが、本質はカリキュラムである。従来の教科は基本的にその編成権は国家にあるが、総合的な学習の場合はあくまでも学校の教師や子どもたちにあるのである。そこに目をつけなければいけない。

この点が理解されていないために、どのような混乱が起こっているのかを説明しよう。ごく一般に流布されている誤解に、次のようなものがある。つまり、総合的な学習は教えこんではいけないのであって、あくまでも子どもの興味・関心から出発しなければいけないという考えである。教科は教えるものがあるのでやむをえないが、総合では、子どもたちが主体的に創造的にさせることが大事で、教師の指導はなるべく引っこめるという主張である。

私にいわせれば、このような誤解が低学力論を引き起こしている。一般に流布している低学力論の根拠になっているのは、あんな活動ばっかりで遊んでいるような授業で学力はつくのだろうか、という疑問である。基礎・基本がなくて活動ばっかりさせても学力は身につかないというのである。

この疑問にはたしかに筋がある。道理があるのである。ただ活動ばっかりさせても力はつかない。それには私も同意する。そして、そのような実態にある授業も少なくないことも事実である。しかし、だからといって、算数や国語の補習をやっていれば基礎的な学力がつくというのだろうか。そこには明らかな飛躍がある。

## 「教」と「育」

「教育」という言葉は「教」と「育」から成り立っている。前者は「教える」意味であり、後者はいうまでもなく「育てる」意味である。「教育」という言葉は、おそらく幕末～明治初期から使用された言葉であると考えられるが、よく考えてみると、実によく構成された言葉である。現在使われている教育という言葉は、しばしば歪められている。「親の教育がなってない」とか「受験教育の弊害だ」とか、多用されてはいるが、多くの場合それらは、「教」に傾いていたり「育」に傾いていたりする。その典型は、現場の教師のなかに顕著である。教育界というところは、情緒に流されやすいところである。総合的な学習が新設されることになると、どの教科も体験的な学習や活動的な学習が求められているという雰囲気になってしまう。国語も理科も総合的な色彩で行われなくてはならないという傾向になってしまう。それはたぶんに、教育ジャーナリズムの影響によるものである。

例えば、自分探しの授業をどう組むかという特集を組んだとすると、総合も社会も理科も算数も同じタッチで書くことになり、その結果、すべて横並びの傾向が生まれることになる。このような実態を生んだのは教育ジャーナリズムの特徴だが、これについては関係者は強く反省しなければならない。繰り返しになるが、雑誌であるテーマの特集を組むとなると、教科の性格の違いなどは無視して、同じような論調で皆書かれることになる。本来、教科が違う以上、どの教科も総合的にやるなぞということはナンセンスなのである。

この傾向は戦後一貫として流れてきた傾向であった。戦後間もなくのわが国には、経験主義の考え方が支配的であった。すなわち、子どもたちの日常的な経験を拡大し発展させることが教育の基本だとする考えである。この経験主義の考えは、戦前の国家主義的な教育を払拭する意味もあって、全国に幅広く受け入れられた。

とりわけ、「社会科」という新教科が設置されたことや、児童中心主義の考えと相まって、広く展開された。なかでもコア・カリキュラム連盟が組織されたことで、全国的に「新教育」の運動は一気に拡大された。

ところが、この傾向に対して、一九五〇年代に入ると批判が起きてくることになる。経験主義では問題解決学習が重要とされたが、それに対して知識を系統的に教えていくことが必要だとする考えが台頭してきたのである。それを一般に系統主義と呼んでいる。この経験主義に基づく問題解決学習と、系統主義の学習論に関しては激しい論争が繰り返された。教育というものは、実はその両方が不可欠の条件となる。

さて、教育というものは「教える」機能と「育てる」機能の両面をもたなければ成立しない。今は「教える」時代で、次は「育てる」時代などということはありえない。常に、どんな時代であっても、「教える」ことと「育てる」ことは必要なのである。

## 二つの学力論

そこで、私は二つの学力論を提起している。すなわち「鉄棒式学力」と「雪だるま式学力」である。

「鉄棒式学力」とは、図のように、一定のバーを設定し、子どもたちがそれに飛びつき到達するようしむける学力である。これはごくごく考えやすい学力論で、普通の試験で測定する学力である。多くの場合、知識であったり、計算であったり、あるいは体育の記録であったり、バーの高さで目に見える学力である。

これまで、学校の試験などでは、基本的にこの鉄棒式学力が測られてきた。このバーの高さは基本的に学習指導要領という国家の枠で決められている。このバーの高さに十分ついていける子どももいるが、そうでない子どももいる。その差が顕著な場合は「落ちこぼれ」とか「落ちこぼし」といわれる。教師はこのギャップを埋めるべく努力はしているものの、多様な実態にある子どもたちをすべてこのバーの高さにまで高めていくのは難しい。

それに対して、「雪だるま式学力」とは、どんなにぎこちなくともその子なりに太っていくしかない学力を意味している。どんな大きな雪だるまでも、最初は小さな雪の玉からしかつくられない。人間も同じである。小さな存在であるところから次第に大きな存在になっていくところに人間の成長・発達のプロセスがある。重要な点は、あるがままの人間の存在を認め、そこからどのように成長・発達を保障していくかを常に問い続けるのが雪だるま式の学力であるということである。

鉄棒式学力

雪だるま式学力

（カット・丸山ゆき）

教師という職業を続けていると、なかなかあるがままの子どもを認めるところから教育を出発させるということができない。どうしても一定のバーを設定し、そこに到達させようとし、到達しないと「どうして、わからないの」と子どもを責めてしまう。それに対して、障害児教育に携わってきた先生にはこの学力論が理解されやすい。障害児教育の場合はあるバーにまで到達させるというより、今より少しでもよくなろうとさせるからである。

結論的にいえば、人間を育てるには、この二つの学力が必要なのである。鉄棒式の学力だけでも雪だるま式学力だけでもだめである。さきに述べたように、人間が育っていくためには、教えられることも必要だし、教えずにじっと子どもの成長を待ってあげることも大切なのである。

## 総合は真剣勝負

さきに、総合的学習の本質はカリキュラム編成権が国家ではなく、個々の学校や教師にある点にあると述べた。一般に思われている「教科では基礎・基本、総合では自主性・創造性」という割り切り方は間違いである。子どもが主体的に学習に取り組んでほしいのは、教科も総合も同じである。

問題は、何を取り上げるかである。教科では学習指導要領のしばりがあり、さらに教科書によっても規定されている。それに対して、総合では基本的に何を取り上げてもいいわけだから、自由である。

しかし、その自由は、教師や学校に説明責任を求められるといった面も出てくるのである。私の教え子が教師をしている東京の小学校で総合の授業を見た。その学校では、三年生を対象に「よいうんち・わるいうんち」という授業をやっていた。

このような授業を組んだ責任は学校にあるので、もしも（ないとは思うが）「この学校ではなぜこんなうんちの授業をやるのか」といった保護者の意見がでてきたら、説明する必要がある。教科の場合は学習指導要領でやるようになっているから、といった逃げ道があるのだが、総合の場合は基本的に説明が求められることがある。それだけ、厳しいということである。

私は、総合によって、むしろ学力は高まると考えている。それを次に説明する。

## 本気になること

すでに述べたように、低学力論者の論はきわめて単純である。計算のドリルや漢字の練習をすれば学力が高まると考えている。そもそもそれが根本的な誤りである。

子どもというものは、どんなに計算をさせても漢字を書かせても、本人が本気になって取り組まなければ力になっていかないものだ。

それは受験でも同じこと。中学生にいくら勉強しろ、勉強しろ、といっても本人が「その気」にならなければ学力はつかない。戦後でも教育界では、何度も何度も学力論争は繰り返してされてきたが、つまるところは、その子が「やる気」になるかどうかである。私自身も論争に加わっていくつか論文を書いてきたが、結局はその気にさせることができるかどうかがポイントである。

だから、総合では子どもたち一人ひとりにとって、かけがえのない内容を学習させるべきであって、活動させせっぱなし、好きなことをやらせっぱなし、でいいわけがない。むしろ、学問とか仕事のすごさ、楽しさ、深さを思いっきり体験させることに意味があるのだといいたい。

その意味では、NHKで放送してきた「課外授業 ようこそ先輩」などは、注目すべき内容になっている。かつての番組で面白かったのは、テニスプレイヤーの伊達公子さんが母校の小学校で、実際に目の前でボールを打ってみせたときである。体育館の隅にビール瓶の二十本入りの箱を横にして、その小さな穴をめがけて、伊達さんがスマッシュするのである。時速百キロ以上のスピードでボールがその穴に吸いこまれた瞬間、子どもたちは「オーッ！」と驚きの声をあげる。

別に、この課外授業では伊達公子のような選手になることを目標にしているのではないから、その真似をする必要はない。とにかく、先輩にとてつもない人がいて、人間、頑張ればなんとかなるといった感触が得られればいいのである。

私の理想とするのは、このような価値ある体験ができる授業である。つい最近の番組ではマンガ家の矢口高雄さんの母校（小学校）が廃校になるというので、ふるさと発見のための授業を組んでいた。秋田県の奥羽山脈のなかの小さな学校で、六年生は七人しかいない。その子どもたちにふるさとを発見してもらうために、わざわざその子たちを東京まで呼んで、ふるさとのよさを見いだし、それをカルタにするという活動である。これも、マンガ家である矢口高雄さんだからこそできる授業であった。

私自身の実践から一つ事例を紹介しよう。二年前になるが、長野県の須坂市の中学校で、総合的学習の授業を二時間行った。題材は長野県に古くから伝えられている「信濃の国」という県歌。これは一八九九（明治三十二）年に作詞され、翌一九〇〇（明治三十三）年に作曲され、長野県人の間で歌いつがれ、戦後になって一九六八（昭和四十三）年には正式に県歌として認定された。

長野県出身の私どもにとっては、小学校・中学校時代には折りに触れて学校で歌ったものだが、最近は学校でも歌われなくなっているという。そこで、私は中学二年生を対象に、六番まである歌詞の意味を調べて発表するように指示した。その四番に、実は「束間《つかま》の湯」という名所が出てくるのだが、それはかの『日本書紀』に天武天皇が行幸して、ここに仮の都をつくろうとしたという記述があるところなのである。

そこで、私は生徒が理解しようとすまいが、『日本書紀』の実物（岩波版）二冊をもっていって、ここに書いてあると示した。これはこの記述を理解してもらおうとしたわけではなく、『日本書紀』という日本最古の歴史書に、このように書いてあるんだぞということを示すためのものであった。このような教え方は従来の教科ではナンセンスだといわれるだろうが、総合であるからいいのである。

筑波大学の先生がきて、なんだかよくわからなかったが、『日本書紀』とかいう日本でいちばん古い歴史の本を持ってきて見せてくれた、それでいいのである。

## 物心がつく

このように考えてくると、総合というのは単なる活動や遊びの場ではないことがわかる。

もっと真剣に自分にとっての学習を構築していく場なのである。
私が研究の中心に据えてきた柳田国男は戦時中に『村と学童』という本を書いている。当時疎開学童が田舎に行っても読むものがないと考えて書いた本である。柳田は、「この本の読者を、もっぱら五年六年の大きな生徒のなかに求めようと私はしている」と書いている。なぜ、五年生、六年生なのか。それについて次のようにいう。
「前に中央公論社の綴方《つづりかた》全集や、その他数種の児童文集を読んできた時にも、かなりはっきりと自分には気がついたことだが、文章の上から見て、この五年という学年がちょうど一つの境目になっている。単に内容の複雑を悦《よろこ》ぶという自然の傾きが現れるのみでなく、それに用いられる新しい語句と表現法とに、急に大きな興味をもつようになるらしく思われる。(中略)すなわちめいめいの自力をもって、始めて知る言葉の意味と真価とを、覚え込もうとせずにおられないからである。国民古来の歴史から考えても、人が一人前の日本人となるために、これは最も重要な年齢であった。昔の言葉でも『物心がつく』といって、いちいち傍らからかく思え、かく感ずべしと勧めなくとも、ひとりでだんだんと観察しまた理解して、それから得たものをもって一生の体験を養い立てる時期なのである。」(『柳田国男全集』二三　ちくま文庫、三七〇頁)
柳田は、小学校五年生が人生の重要な時期であるという。これはいいかえれば、十歳を過ぎることが子どもたちに大きな自覚と意欲を与えることを示唆している。こういう事実を、柳田は子どもたちの文集を読んで読み取っている。

これは、私の経験からもいえることである。親や教師にいわれなくても、自分で好きなことをやってしまう時期がある。私の場合、小学校五年生のとき、なぜか地図帳が大好きで、家に帰って暇さえあれば地図帳ばかり開いて楽しんでいた。また、朝日子ども年鑑のような子ども向けの年鑑も好きだった。当時は、まさか自分が社会科にかかわる職業に就くことさえ考えてもみなかったわけだが、やはり人生は不思議である。

五年生の夏、父が何を思ったか、私一人を連れて一週間の旅に連れていってくれた。松本から長野を通って、直江津に出、さらに富山に行き、そこでしばらく滞在したあと、金沢、名古屋を通って松本に帰るという行程であった。

私は汽車に乗りながら、何時何分に駅に着き、何分には出発し、どの川を越えてどこに出たという内容のメモをノートにずっと取っていた。小学校時代、ガキ大将でならした私からすると、何とすごいことをやったのだろうと考えるのだが、ただ好きだったからしたにすぎなかった。

私が三十歳くらいになって、地名に開眼し、それから学校の授業で地名をつかった授業を開発するようになったのも、あとから考えてみれば、そのときの体験があったからなのだと思う。人間というのは、親や教師にいわれなくても、何かしら自分でやってしまうモノやコトがある。それこそ、人間の一生を左右しかねないものなのである。

これが人間、本気になることの真意である。一度、心に火がついた興味・関心は決して消えることはない。なんらかの形で、その人の人生に影響を与えていく。総合的な学習とは、このような広がりで考えていくべきものである。単なる教科の下請け機関ではまったくない。

ところで、その総合的な学習の時間でなぜ、食を取り上げるのか。それについては節を改めて述べることにしよう。

# 2　食と生きる力

## 「食」こそ基本

これからの教育の対象として「食」が注目を集めようとしている。誰が何といおうと、食べることは人間の基本である。職を失うと「食べていけない」といわれるように、「食」は「職」であり、仕事でもあるのである。

人間がその生を持続するための要件としてまずあげられるのも食べるという行為である。水を飲み睡眠をし、食べることなくして生きていくことはできない。

これまでに学校でも食については、家庭科などの教科で教えられてきたものの、食文化について掘り下げた学習はまだ行われてきていない。

今回新設されることになった総合的な学習の時間では、「国際理解、情報、環境、福祉・健康などの横断的・総合的な課題」が例示されているが、これに加えて「食」が入ってはいけないという理由はない。むしろ、これらの課題は食という視点を通して見たほうがより豊かな教材構成ができると考える。

## 「駅弁」のマルチ情報

私が開発してきた食に関する教材は多くあるが、ここでは「駅弁」を紹介しよう。この授業は社会科の教材として開発したものだが、駅弁の教材性は一つの教科の壁をはるかに超えた豊かなものがある。

まず駅弁から、その地域の特産がわかる。米を売り物にする地域では「秋田こまち弁当」などがあるし、魚で有名な地域では、例えば「いくら弁当」（北海道）、「鱒の押しずし」（神奈川）、「ますのすし」（富山）、「かつおたたき弁当」（高知）などがある。また駅弁は「雪だるま弁当」（新潟）のように気候を示すこともあるし、歴史も表すこともある。仙台で売っている「独眼竜政宗弁当」はいうまでもなく伊達政宗を指しているし、名古屋で売っている「天下とりごはん」は信長・秀吉・家康の天下取りに引っかけてつくったもので、中身は地元のコーチンを使った鳥飯である。なかなかの知恵である。

一昔前の歴史になってしまったが、信越本線横川駅で売っていた「峠の釜めし」が有名だった。もともとは「おぎのや」という仕出し屋さんが、何とかして温かいままの弁当を食べてもらおうと考えてつくったものだった。これが発祥となって全国的に「釜めし」弁当が普及することとなった。

信越線はこの横川から軽井沢に向かう地点が極端な急勾配で、アプト式（全車両の先端と最後尾に機関車をつけて登る方式）でしか峠を越えることができなかった。東京方面から板を登るときには、最後尾に機関車を接続する時間が必要になるので、横川駅で五分程度停車することになる。その時間を利用して駅弁を売ろうとしたのである。

「峠の釜めし」は爆発的に売れ、一時期は一日に一万五千個以上も売れたという。その釜は栃木県の益子から取り寄せたので、益子のほうも大きな恩恵を受けたのである。現在はドライブインを中心に売っている。

こう考えてくると、駅弁といえどもバカにできない存在になってくる。駅弁は、沖縄を除けば全国どこでも手に入るものだが、沖縄でも、普通の弁当となると多様な弁当が存在する。日本人にとっては、駅弁というと旅の風情と重なって何となく楽しい雰囲気が伝わってくる。

## 食の教材性

これまで私は、約十年にわたって食べ物の教材化に取り組んできた。この駅弁をはじめ、インスタント・ラーメン、チマキ、そば、パンなどの教材を開発し、実際に小学校等で実践してきた。食べ物である以上、つくって食べるという作業が中核となった。それらの経験から食の教材性をまとめてみると、以下のようになる。

①　興味・関心性

食べ物は、文句なく子どもたちの興味・関心をひく。子どもの基本的な欲求は食べることである。もちろん、子どもによって好き嫌いがあるので、どんな食べ物でも扱っていいというわけではないが、基本的には食べる物をつくる活動は子どもたちには大好評である。

②　育成性

「育成性」とは聞き慣れない言葉だが、要は食というものは子どもの身体・精神の育成に深くかかわっているということである。「育ち盛り」という言葉がある。この「育ち」にはもちろん食が不可欠となる。むしろ、食べることによって子どもたちは育つのである。われわれの年代になれば、からだを維持するために食べることが必要なのだが、子どもたちにとっては、育つために食べることが必要なのである。それを「育成性」と呼ぶ。

③　総合性

すでに駅弁で述べたように、食は常に総合的な性格をもっている。人間形成にとっての側面をまとめてみると以下のようになろう。

・身体を形成する。

・栄養や健康を増進する。
・家族や友人とのコミュニケーションを増す。
・伝統的な技術や知恵を伝える。

④　関連性

食はさまざまな事象と深い関連をもっている。例えば、農業や漁業などの第一次産業との関連が深い。最近「食農教育」という言葉が頻繁に使われるようになったが、基本的には農業との関連が最も強い。また、農業や漁業などの産業に関連して経済にも関連が深い。

## 食を通じて社会的課題に迫る

さきに総合的な学習で例示されている課題として国際理解、情報、環境、福祉・健康をあげたが、よくよく考えてみると、これらの課題は食という視点でとらえ直してみることができるし、またそのほうがよりリアルに本質に迫ることができそうだ。

「国際理解」の教育はまさに食でアプローチするのがいちばんである。地域の国際交流で最もポピュラーなのはそれぞれの国の料理をつくって食べるというイベントである。外国の料理をつくってみて、その後その国の文化等を学ぶというシステムで構成されているのが、一九九九（平成十一）年度から始まったNHKの「地球たべもの大百科」である。この番組の構成はNHKの依頼を受けて、ディレクターの方々と私が基本的につくったものである。

一九九九（平成十一）年度の番組では、スパゲッティ（イタリア）、カレー（インド）、ぎょうざ（中国）、江戸前寿司（日本）、ココやし料理（フィリピン）、フランス料理（フランス）、タコス（メキシコ）、お茶とケーキ（イギリス）、バイキング料理（ノルウェー）、ジャガイモ料理（ドイツ）を放映した。ちょっとつくるのが難しいと思われるものもあるが、かなり高度な国際理解教育が展開されている。

私がかつて行った実践に、スリランカのパンであるロッディをつくって食べるというものがあるが、これも食を通して国際理解を図ったものである。

次に「情報」に関しても、食を通じていくらでも学習できる。情報というと、すぐコンピュータを想起する人が多いが、それは狭い考えである。コンピュータはそれなりにもちろん必要なのだが、例えばさきにあげた駅弁のパッケージなどは、見事なマルチ情報のかたまりである。また、それ以前に行ったインスタント・ラーメンの授業は、まさに情報の課題に迫るものであった。インスタント・ラーメンは、即席性や簡便性・保存性といった点で優れた食品であり、日本で生まれた食品として、全世界に普及している。授業では、インスタント・ラーメンの袋に書かれている情報を読み解くという課題で展開した。

食品衛生法で規定されている「品名」「原材料名」「賞味期限」などに気づかせるところから法律の勉強もできるし、さらには「かんすい」「めん質改良剤」などの表示から、食品添加物の学習につなげることもできる。まさに総合的な学習に相応しいといえる。

環境に関しては、一つの事例を紹介したい。TDKコアから総合的な学習のビデオ（全四巻）が発売された。

そのなかに環境の柱として「ほうとうづくり」を扱ったものがある。「ほうとう」とは、山梨県の郷土料理で、厚めの麺を野菜と一緒に味噌仕込で煮込む料理である。もともとは米が少ない山間部の料理であり、なかでもカボチャで甘味をつけるのがうまいとされている。

なぜ「ほうとう」が環境学習の材料になるのか。すでにおわかりのように、食は農と深く関連している。環境というと、すぐ人は環境破壊や地球環境を意識するが、環境とはもっと深い概念である。環境には農業環境も含まれる。ほうとうは小麦や大根・カボチャなどの野菜を食材にしてつくられるが、このような食材を育む風土もまた環境なのである。だから、全国どこにでもある郷土料理はまさに環境を考えるための格好の材料なのである。

最後に、「福祉・健康」だが、これは当然のこととして食に深くかかわっている。ここでは、最近子どもに浸透している生活習慣病について触れておこう。糖尿病や心臓病などいわゆる成人病と呼ばれる病気が子どもにまで広がってきているといわれて久しい。数年前から、子どもたちに広がっているこれらの病気を「生活習慣病」と呼ぶようになっている。厚生労働省や文部科学省あるいは農林水産省などで、今真剣に問題解決の方途を探っている。

従来、少子高齢化社会では、若者が老人の生活を背負うことが宿命化されてきたのだが、生活習慣病の拡大により、若者たちの一部をも負担していかなければならない事態が生まれている。この問題は今後の医療問題に深刻な課題を突きつけているといえる。

現象としては、朝食欠食、肥満、孤食などが問題にされているが、これも食の問題である。

## 食を通じて生きる力を

数年前の秋に行われた食農教育のフォーラムの最後を、私は「食うものを食わないと力が出ない」と締めくくった。会場からどっとどよめきが起こった。アドリブにしてはうまいことをいったものである。「武士はくわねど高楊枝」ともいうが、これは負け惜しみで、本当のところは「腹が減っては戦ができぬ」が本心である。

かつて上野動物園長を務められた中川志郎氏が、今教育界で話題になっている「生きる力」について、面白い話を聞かせてくれた。およそ以下のような話である。

長年勤務してきた動物園の仕事からみると、野生動物にとっての「生きる力」は次の三つである。

（1）自分で餌を取る力

（2）自分の身を護る力

（3）仲間とコミュニケーションできる力

今の日本の子どもたちは、この三つのいずれの力も弱くなっているのではないか。

昔、アメリカのプロジェクトを真似て、動物に与える餌を栄養などのいい固形のものにした。最初は栄養もゆきわたって動物はすくすく育ったように見えたが、一年後にゴリラに異変が起きた。ゴリラが精神不安になって自分の毛をむしり取ってしまったのである。

原因を探ったところ、固形の飼料が問題であったことが判明した。野生動物にとって、物を食べるということは、皮をむいたり、実を取ったりして食べることに意味があるのであり、単なる固形飼料を与えることで、逆に動物を精神不安に追いこんでしまったのである。

この話を聞いて、単に野生動物の問題ではないと痛感した。現代の子どもたちもまた、生きている魚の姿さえ知らず、野菜がどのように栽培されているかも知らないまま、物を食べている。さらに、調理方法も知らないままインスタント食品やレトルト食品を口にしている。

現象的に見えている食の背後につながっているネットワークをたどっていくことが、今問われている。

# 3　地球のいのち・人間のいのち

## 科学と人間のディスコミュニケーション

いのちについて何か書けといわれて、まず頭に描くのは手塚治虫のことである。読者は意外だと思うかもしれないが、たぶん地球のいのち・人間のいのちの大切さを根源的に考え抜いていた人こそ手塚治虫であった。

生涯十五万枚という原画を残した手塚治虫は膨大な作品を残しているが、一貫して主張しつづけたのは、地球のいのちと人間のいのちの大切さであった。手塚の遺稿集のような形となった『ガラスの地球を救え』（光文社、一九八九年）から引用してみる。

手塚は自分の少年時代について、いじめられっ子であったし、戦争が始まったりで、決していい時代であったわけではなかったが、「けれども、いまから思うと、まわりに自然があふれていたことはありがたいことでした。幼いころ、駆けずりまわった山川や野原、夢中になった昆虫採集は、忘れられない懐かしさと輝き、ぼくの心と体の奥深くに植えつけてくれたのです。ぼくのペンネームの「治虫《おさむ》」も甲虫のオサムシになぞらえたものです」

（一一頁）と書いた後、次のように述べている。

「人間がどのように進化しようと、物質文明が進もうと、自然の一部であることに変わりはないし、どんな科学の進歩も、自然を否定することはできません。それはまさに自分自身＝人間そのものの否定になつてしまうのですから。」（一二頁）

これは手塚治虫の思想の根幹を表した表現である。人間はどこまでいっても、自然の一部であること、その認識をもち続けることこそ重要だと手塚はいう。

手塚の作品には、『鉄腕アトム』をはじめ、多くの未来の科学社会を描いたものが多いのだが、それは「ぼくの中の〝自然〟が土壌となって、宇宙の彼方にも飛んでいく、あるいは小さな虫の中にも入りこんでいく想像力を育《はぐく》んでくれたからこそだと考えています。」（一二～一三頁）という。

手塚治虫が『鉄腕アトム』で主張したかったことは、一言でいえば、「科学と人間のディスコミュニケーション」だったという。

アトムは、自分で考えることもできるし、超能力を持っているわけだから、学校に行っても計算問題など瞬時にできてしまうのだが、そのためにかえってアトムは悩むことになる。いわば疎外感を感ずることになるのである。『鉄腕アトム』をよく読むと、いたるところにアトムのロボットとしての、そして人間としての悩みがにじんでいるのが読み取れる。

手塚はこの作品を通じて、科学と人間のディスコミュニケーションをアトムに背負わせ、アトムに実現したのである。

同じような論理は、石ノ森章太郎の『仮面ライダー』にも見られる。等身大の特撮ヒーローの仮面ライダーだが、実は機械人間であり、本人は常にそこに悩みを抱えている。

## 生命力のある子どもだから

手塚治虫は、このように、人間の存在をあくまでも自然の一部として考え、人間がおごり高ぶって自然を破壊することを強く戒めてきた。さらに彼が強調するのは、子ども自体が豊かな生命力を持っているのだから、その子ども自身が未来を語る勇気をもたなければならないということである。

「子どもというものは、生命力に満ちているし、その可能性は無限です。ただし、緑豊かな美しい地球あればこそ、の話です。」(二六頁)

そして、「やっとこれから伸びようとする初々《ういうい》しい子どもの命を、こんなに粗雑に扱っていいとは思えません」「いちばん悲惨なのは、なんといっても子どもたちです。彼らは大人よりいつも被害は甚大《じんだい》」という。

　手塚が強調しているのは、戦争や飢餓のような「むごい現実を見据えつつ、それでもなお、いかに不動に見える現実も、何とか変えていく力が人間にはあるのだ、ということを、どうしてもっと大人は子どもや若者に示してやることができないのでしょうか。」（二一九頁）ということである。

　私は、これに加えて、視点を変えて論じてみたい。手塚がいうように、人間の成長発達を考えると、子どもの時期が最も生命力に溢れている。これはいわれてみれば当たり前のことである。ところが、この視点をこれまでの教育界は見過ごしてきたのではないか。生命力豊かな時期にこそ、いのちの教育をしなければならない。一つの生命に触れたときに感じるものは、大人に比べて何十倍も大きいに違いないのである。

　これまで、生活科などで動物の飼育や野菜などの栽培活動が行われてきたが、生命力ある者が生命力あるものにかかわりをもつといった視点は希薄であった。大人が飼育栽培するのと子どもがするのとでは、意味が決定的に異なっている。

　それは、子どもの場合、ごく自然にいのちを取り込んでしまうという点にあるように思う。いいかえれば、相手のいのちと自分のいのちをごく自然に同一化し、相手のいのちを自分のいのちのパワーに転化してしまうということである。

## ヤマカガシとの格闘

これを私自身の体験をまじえて話してみよう。手塚はこうもいっている。

「生命あるものの素晴らしさも、またどんな生き物にも必ず訪れる死についても、自然のふところでのびのびと遊びながら、子どもたちは体で知っていくことになるのです。むろん、自然界の残酷《ざんこく》な面をも目撃することになるし、ときには子ども自身、小さな生き物たちに残酷な仕《し》打《う》ちをして遊ぶことだってあります。

ヘビのシッポを地面にたたきつけたり、昆虫をちぎったり、カエルに息を吹き込んで破裂させたり——。でもそれは、同じ生命あるものとして生きていく予行演習のようなものでしょう。そこで、さまざまな生き物たちの生と死に出会って、生きることの喜びの裏側にある悲しみも、知らず知らず体の奥のほうで理解していくのです。」（五七頁）

私は信州の山のなかに生まれ育ったから、自然環境という点では手塚治虫が育った宝塚とは比較にならないほど豊かであった。

ところが、昔からヘビは根本的に嫌いであった。形といい、行動パターンといい、受け入れがたかった。だから、ヘビを見つけると、石を投げたり棒でたたいたり、今から考えると動物虐待を繰り返していた。

小学校四年生のころ、ある時、ヤマカガシ（松本付近ではヤマッカジという）をつかまえた。いつもどおり石を投げつけて追いかけていくと、そのヤマカガシは田んぼの石垣の間に逃げこもうとした。思わず私はそのシッポをつかんで引きずり出そうとした。ところが、ヘビはこのような状況に置かれると強い力を発揮する。

ヘビの鱗は実は頭の方からシッポのほうに流れている。だから、前進はできるのだが、後退はできない。常に前に進むしかないのである。だからくねくね曲がって移動する。このようなからだの構造だと、穴に入ると鱗が逆に岩などに噛む状態になるので、外からは引っぱりにくいことになる。

その程度のことは山の子であったから知っていた。あとは根気比べだと私は考えた。石垣の前で、私はそのヘビのシッポをつかまえたまま、格闘した。彼（彼女かもしれない）も負けてはいない。結局三十分近い格闘の末、ついに私は負けた。

私の心にヘビへの畏敬の念が生まれたのはその瞬間であった。ヘビに対して申し訳ないことをしたという悔恨の情と、ヘビも頑張って生きているんだなという尊敬の念のようなものだった。それ以降、ヘビに石を投げなかったといえるかどうか自信はないが、私自身の中にヘビの生きるということのスゴサのようなものが伝えられたことは事実である。

こういう体験は生命力のある小学生の時代に体験したからこそ意味があるといえる。いのちといのちが正面からぶつかり合う経験をしたからこそ、相手のいのちの尊さを学ぶことができたのである。

こういう経験があればこそ、戦争の悲惨さもわかるし、相手を傷つけることの恐ろしさも理解できるのである。

## 食べることはいのちを奪うこと

さて、このようないのちの教育と食がどうかかわるかを述べることにする。

もうだいぶ前のことになるが、アメリカの学会で環境教育のシンポジウムがあって、日本を代表して提案したことがある。もう十年以上前のことだから、アメリカの環境教育の影響を日本も強く受けていた時期である。

私は、日本独自の環境の視点を出そうとして、あることを考えついた。それは食事の前に、日本人が合掌して食べる風習があることであった。今はだいぶなくなってきてはいるが、消えてしまったわけではない。

インドやネパールでは日常的に挨拶するときに「ナマステ」といって合掌する習慣が今もある。日本にはたぶん仏教を通じて入ってきた習慣である。「ナマステ」の「ナマ」は、漢字では「南無」になる。つまり「仏に帰依する」という意味である。「南無釈迦牟尼仏」といえば、釈迦牟尼仏に帰依しますという意味である。

では、なぜ仏教の世界では、食事をする前に合掌する習慣をつくったのだろうか。それは、食べるということは、相手のいのちをいただくということだからである。言葉をかえていえば、ほかの生き物のいのちを奪って人間は生きているのである。

こういうものの在り方を「宿命」と呼ぶ。人間だけではない。生きとし生けるものすべてが、ほかの生物のいのちを奪って生きているのである。これは避けて通ることはできない必然の道である。

食べる対象は動物と植物に分かれ、やはり動物のほうがいのちの意味からすると重いが、野菜や果物だってその例外ではない。この問題は宗教にも深く結びついている。イスラム教徒が豚を食べず、ヒンズー教徒が牛を食べないのも、いのちにかかわっているからである。

アメリカのシンポジウムで、私はこんな話をした。

皆さんはナイフとフォークで食事をしますが、東アジアでは箸を使います。この二つの様式に食に関する意識の違いが見られます。

皆さんはお皿の上で物を〈切ったり〉〈指したり〉して食べますが、東アジアでは物を

〈挟んだり〉〈つまんだり〉して食べます。どちらがいいという問題ではありませんが、食に関する意識の違いがここに見られます。

私の本意は、ナイフとフォークよりも箸のほうが環境に優しい、つまり、食についての哲学があるということをいいたかったのである。

## 循環のなかで生きる

手塚治虫は人も自然の一部であることを強調し続けた。あらゆる生物は生態系の循環システムのなかで生きている。

カエルは虫のいのちをもらって生きていくが、またヘビにいのちを奪われる。そしてヘビもまたほかの生物にいのちを奪われる。

人間だけが、文明というものをつくりあげたために、この循環をあらゆる手段を講じて断ち切ってきたのである。そこには、ほかの動物との激しい戦いもあった。今の子どもたちに伝えたいことは、このような生き物の厳粛なる生き方である。

だから、いい加減な食事はできない。いい加減に食べ残すということも失礼だし、また食材を知らないまま出来合いの物だけ食べるというのも本質を理解するのに適当ではない。

やはり、食事を作るプロセスのなかでいのちを考えることがポイントである。その意味で、食は哲学である。

# 4　会食する楽しさ・喜び

## 会食するのは人間だけ

会食とは複数の人間が食事を共にすることをいう。単純な言い方だが、ここにコトの本質がある。犬や猫やサンマが会食するなんて話は聞いたことがない。会食とは人間だけに許された行為なのである。というよりも、人間というものは、その発生時から他人と一緒に物を食べてきたのである。

お腹がすいたから物を食べるということはもちろんある。テーブルの上に置いてあるビスケットをつまむことは誰にでもあることだ。しかし、朝にしても夜にしても食事をするときは家族と一緒というのが、古今東西を問わず人類の習性である。それは人間が「社会」というものを構成してきたからである。人間が社会的存在であるかぎり、共に食べるということが基本である。

しかし、ここでまず「会食」という言葉を狭く解釈するところからこの論を始めてみよう。狭く解釈すると、「会食」は特別な食事を意味している。

われわれ人間は、ことあるごとに会食をする。何かお祝い事があるといえば会食、桜が咲いたといえば会食、同僚が転勤になるといえば会食等々、いわば会食とはハレの出来事なのである。日常的なケの世界での食事は普通会食とはいわない。日常的に朝食を取り、昼に型通りのランチを食べるというのは普通会食とはいわないだろう。

食べるという行為の目的と結果をあげてみると、以下のようになる。

①身体を形成する…これが食べることの最低・最高の目的であろう。まず食べなければ子どもは大きくなれない。

②栄養や健康を管理する…大人になると、大きくなるというよりも栄養のバランスをとったり、健康を維持・管理するために食べることになる。これが実際には人生では長い。

③仲間とのコミュニケーションを図る…家族や友人と情報交換し、相互に交流することも食べることの大きな目的であり、楽しみである。

④伝統的な技術や知恵を伝える…①～③までとは角度が違うが、食にはその民族・地域の生活文化が伝えられている。

狭い意味での会食では、③が最大の目的となる。しかし、会食を広くとらえれば、毎日の家族との食事も、学校でいただく給食も会食の枠のなかに入ってくる。その場合は①～④のいずれもが重要な要素になってくる。

## 名目はコミュニケーション

狭い意味での会食をするのには、何らかの名目が必要になってくる。子どもの誕生日、入学式、遠くにいる息子や娘が帰ってくるなど、何かいいことがあったときに、会食をすることが多い。

昔、学生の間で「酒が飲めるぞ」といった歌が流行ったことがある。「三月は桜が咲いて酒が飲めるぞ」「四月は入学式で酒が飲めるぞ」といった類いの歌なのだが、これはこれでけっこう意味が深い。例えば「十一月は何もないが酒が飲めるぞ」という替え歌になったりする。これは、飲食というものにある価値をもたせている証拠である。いいかえれば、何らかの名目や言い訳をしなければ、皆で飲むということはないのである。それは食事でも同じことだ。

会食の機能は、単に食事で栄養をとればいいということではない。例えば、病院食のように、ある一定の枠を置いてそれを食べることによって健康を保つという食事もあるが、いうまでもなく、会食のそれは違う。栄養を摂るとか、健康を管理する目的で食べるのではない。

会食の目的はコミュニケーションにある。結局は、ある空間のなかで、同じものを同時に食べることによって、意思の疎通を図り、情報交換をし、交友を深めることが目的である。だから、楽しくなければならない。

私は個人的に禅宗の影響のもとで少年時代を過ごしたので、親からは「食べるときは静かに食べるもので、しゃべりながら食べることはよくない」としつけられてきた。ところが学校に行くと、先生は「食事はみんなと楽しく話しながら食べるもんですよ」と教えてくれる。時代でいうと、昭和三十年代のことである。私の家だけではなく、地方ではどちらかといえば、食事中しゃべることはよくないといった観念が支配していたように思う。それが、食事は楽しく話しながらという方向に変わったのは、やはりアメリカ式の教育の影響であろう。

アメリカなどでは、食事は家族とか仲間とするものといった観念が徹底されている。その昔、初めてアメリカに単身で出かけてしばらく滞在したとき、いちばん閉口したのが夕方の食事であった。アメリカ人は基本的には仲間と食事に出かける。ところが私はまだそれらしき友人はいない。そこで、毎日のように「どこで食事しようか」と探し歩いた記憶がある。話し相手もなく食べるのは苦痛だった。

たしかに、アメリカと日本では食事に対する観念が根本的に違っている点がある。日本にはやむをえず一人で食べること向きに作られた店がある。その典型は牛丼屋である。牛丼屋はすべてカウンターになっていて、そこで歓談している人はまずいない。お腹が空いたから腹を膨らませるだけのことである。しかし、このような店は私らのようなおじさんには向いていても、子どもたちには向かない。似ている店に回転寿司があるが、この場合は家族でいくこともあって、会話は若干できるとはいうものの、基本は食べることに専念することになる。

## 会食の同一性

会食をすると、なぜ人間に連帯感が生まれるのか。それは会食という行為には三つの同一性があるからである。

①同じものを食べる

まず考えられるのは、同じ物を食べるということである。これが徹底しているのは、中国料理である。ご存知のように、中国料理では大きなお皿に料理が出され、食事者はそこから自分の小皿に必要な分だけ取って食べる。日本では鍋料理などではそうだが、基本は初めから小皿に盛って出す。

「同じ釜の飯を食う」という諺があるが、それは生活そのものが同じだったことを意味している。たとえ、おかずはそれぞれ違っていても、同じ釜で炊いたご飯を食べるということは同じ生活を共にした仲間であるということになる。同じ物を食べることがなぜ仲間としての連帯感を生むのだろうか。それには、「同じ物を食べて大きくなった」という物理的な感触によるものもあろうし、一緒に食事をつくったという作業の共有化の問題でもあるだろう。会食では普通の食事ではなく、やや特殊で手のこんだ物をつくることが多い。連帯感を生むのは、一緒につくったという労働への敬意といっていいかもしれない。

②同じ時間を共有する

次に大切な要素は、同じ時間をシェアすることによって生まれる連帯感である。「あのときあの人といっしょに食事した」というだけで、その人にとっては一生の思い出となることがあるかもしれない。現代のように多忙な時代になればなるほど、同じ時間を共有できることの意味は深い。

③同じ空間を共有する

さらに指摘できるのは、同じ空間で物を食べるということである。これは、友人や恋人とレストランで食事する場合も同じである。男同士だと狭い居酒屋とか焼き鳥屋の狭い空間などが会食の空間となる。商談と称する、ちょっとハイレベルな会食だと個室という空間が選ばれることになる。要は同じ空間のなかで食事をするだけで、たとえ一時《いっとき》であっても同じ仲間になれたと思えるのだから、これはこれですごいことなのだ。

よく、有名人が出るパーティーに出て、「あの人と同じ空気を吸っていると思っただけですごーく幸せ…！」なぞという人もいるが、これも同じ心理によるものだ。

## 食でつくる人のネットワーク

最近の子どものなかに孤食が増えているという。基本的に家庭環境の問題であるが、朝も食事をつくらない親も増えているという調査結果もある。ある塾経営者の話だと、数年前までは夕方塾にくるまでに、親がつくった簡単な食事を済ませて来たものだが、最近は何も食べずに塾に来るので九時まで体力が持たない中学生がほとんどだという。

いったい、現代の子どもたちの食生活はどうなってしまったのか。現在の親たちもすでに孤食の経験者だとするならば、あと十数年後に親となることになる今の中学生の実態は見過ごすことはできない重大問題である。

今の中学生たちに絶大の人気と信頼があるのは、コンビニの食べ物である。そこには同じ規格の同じ食品が二十四時間売られている。中学生たちはその同じ物を食べることで仲間感を共有している。また同じ時間と同じ空間をもシェアしている。そのかぎりでは、会食といってもよさそうだが、いちばん欠けているのは、食べ物をつくるというプロセスである。

冒頭で述べたように、食べるという行為には「伝統的な技術や知恵を伝える」という機能が含まれている。それは食事をつくるという行為のプロセスを意味している。そのプロセスそのものを体験してみて初めて食べるということのすごさや驚き、あるいは深さを認識できるからである。

食べるということは、他の生物の命を奪うことである。動物はもちろん植物の命さえも奪わなければ人は生きていけない。そのことは、パック入りの魚の切り身で食事をつくってもわからない。食材そのものを探し、調理してみて初めて理解されることである。

会食の喜びとは、共に食べることだけではなく、本当は共に調理をし、食べるということに深さを認識するところから生まれる。

「味」って何だろう？　どんな味にも食材そのものの命と、古くからの人々の知恵がつまっている。

食が多くの生物の命から生まれ、多くの人々の知恵によって育まれてきたとするならば、食の教育としてそのようなことを伝えていく必要がある。そして食のネットワークは人のネットワークをつくっていく。

## 食環境づくりの名人を育てる

ところで、子どもたちが生きる生活基盤である学校に目を転じてみよう。最近は多くの学校でランチルームができていて、いかにも〝楽しい〟〝おいしい〟といった環境をつくることに趣向を凝らしている。また、そこでは異年齢・異学年の仲間と会食することも試みられている。

会食する楽しさ・喜びとは、結局おいしい料理を多様な仲間と共に食べるところから生まれる。食とはつまるところコミュニケーションである。だから、食を通じて仲良くなれるし、親しみも増していく。

昔からずっと一つ疑問になっていたのは、給食をどうして教室で食べるのだろうかということだった。学校のスペースを考えれば昔はしょうがなかったことは事実だ。でも、学習空間と食空間を一緒にするのは、やはり貧しくないか。アメリカはもちろん、韓国などでもカフェテリア方式がほとんどである。そのレストランには食事する雰囲気が満ちている。

以前からずっと気にしているのは、筑波大の学生たちのなかには、学食で勉強する学生が多いことである。うちの学生はよく勉強するなあと最初は感心していた。私なぞは勉強するなら図書館のほうがいいと思うのだが、彼らは「適度な音が聞こえていたほうが落ち着くんです」という。時代の流れだろうか。

食を豊かにするには、食べる環境づくりが必要だ。でもそれを教師が勝手につくるのではなく、子どもたち自身がアイデアを出し合ってつくってみたらどうだろう。きっと食環境づくりの名人が育っていくに違いない。

# 5　森羅万象　学べぬものはない

## 柳田国男研究から

私の研究らしき研究といえば、柳田国男の教育思想ということになるだろうか。博士の学位はまさに柳田国男研究であった。

柳田国男は日本民俗学の創始者としてあまりにも有名であるが、その学問には常に教育が裏腹の関係で存在していた。いいかえれば、学問を尊重しない教育も、教育を尊重しない学問も不必要だと考えていたのである。

あれだけの膨大な作品を書き続けた柳田だが、そこかしこに彼の独特な教育論がちりばめられている。私にとってはそこがたまらない魅力であった。

そして、何といっても日本の文化を探り続けようとする、あの飽くなき研究心。それに私は深くとらえられた。

柳田は常民の生活を明らかにするために、実に多様な民俗資料に着眼した。それこそ、森羅万象に関心をもち、そこから柳田の民俗学が始まったのである。

## 授業づくりの三本柱

私は筑波大学に転任するまでは千葉大学教育学部で教鞭を取っていた。そこで担当したのが社会科教育だった。今でも教科で言えば社会科ということになるが、生活科にも相当深くかかわってきた。

私が教科との関連で行ってきたのは、「授業づくり」であった。授業分析でもなく、単なる授業研究でもない。ある内容を授業化し、それを実際の小・中・高等学校で実践し、それを手がかりにして新しい授業開発の発想を世に問うという作業であった。その授業づくりでつくってきた内容は、大きく分けて三つの分野に分けられる。

その一つは「地名」である。これにほぼ十年かけた。ある人が、私の教材研究は半端ではないといってくれたことがある。たしかにそうかもしれない。一般的な教材研究では、一つの授業が終わってしまうと、それで終わりということになってしまう。現場の教材研究は、ある一つのことばかりやっていればいいというわけではないからだ。

しかし、私のような研究者の立場にあるものは、一つのことにみっちり時間をかけて探究することができる。だから、一つのことに十年もかけるのである。

地名については、ここでは深く述べることはできない。最近出したばかりの『地名の魅力』（白水社）をご覧いただきたい。毎日目に触れている地名の意味を探ることで、子どもたちは地域への目を開いていった。これも、もちろん柳田研究の延長である。

次に着目したのが「食べ物」であった。これもちょうど十年かけた。本書で紹介したいくつかの実践は、この時期に行ったものである。

この食べ物の授業づくりが今回の総合的な学習への橋渡しとなった。たぶん四年前になるが、NHKから総合的な学習の番組を食べ物でつくりたいから手を貸してほしいという依頼があった。NHKの番組では以前から社会科、生活科の協力者となっていたので、頼みやすかったのかもしれない。

内容はと問うと、食べ物で国際理解の番組をつくりたいという。昔私の編で『教材百科食べ物の授業』という本を出したことがあるのだが、その書名にならって「地球たべもの大百科」としたいのだという。このあたりから食で総合的な学習を実践するという芽が私のなかにも生まれてきた。

三つ目は、今継続中なのだが、マンガである。これは偶然な出会いでマンガ家の矢口高雄氏と交流が始まったことによっている。矢口氏は『釣りキチ三平』などの作品で知られるが、一方で教育についての造詣が深く、私の推薦で環境問題にかかわって、釣りのイラストを社会科の教科書に描いてもらったなどの多くの思い出がある。

# 萬画宣言

「森羅万象」という言葉を親しく感じるようになったのは、石ノ森章太郎氏と会い、その関係の仕事をさせてもらうようになってからである。石ノ森章太郎は、三年前に他界してしまったが、その残した原画は約二十万枚といわれ、手塚治虫亡き後のストーリーマンガ界を文字通りリードしてきた作家であった。そのジャンルは「サイボーグ００９」などのＳＦ物、「左武と市捕物控」などの時代物、「マンガ日本の歴史」などの歴史物、「ＨＯＴＥＬ」などの一般向けの物、さらには「仮面ライダー」などの特撮ヒーロー物など、ありとあらゆる物をマンガの対象とした。

そこで、石ノ森章太郎は「萬画宣言」なるものを行っている。この世に存在するありとあらゆるもの、つまり森羅万象がマンガの対象になるという宣言である。この発想に私は大きな刺激を受けた。

たまたま、最近私が主宰している雑誌のなかで、カバゴンこと阿部進氏が、私の研究活動について、谷川氏によれば森羅万象すべてが教材になってしまうというような趣旨のことを書かれているのを見て、そうだったのか、と気づかされた次第であった。たしかにそうである。私が授業づくりを始めたのはもう二十数年も前のことだが、そのときから、人間の周りにあるものすべてが学ぶ対象であるし、どんな物でも教材になりうると考えてきた。

今は大学一年生を対象にした授業はもっていないが、かつては、教育学の授業で、一年生をキャンパスに出し、「どんなものでもいいから、自分にとっての先生を探しだしてみよう」という実践をしていたことがある。学生は、霜柱やら、キャンパスを歩いている野良犬やら、遠くに見える富士山など、多様なものに着眼し、そこから学んでいった。

## 森羅万象に立ち向かう子ども

この発想はやはり柳田国男から学んだものである。柳田は自分たちの身近なものすべてに必ず意味があるのであり、それを解き明かしていくことが学びだと説いた。

学習指導要領が示している内容をこなせば事足れりとするわけにはいかない。人間が学ぶ対象は無限大である。人間を取り巻いているあらゆるもの、森羅万象が学習の対象になるのである。教科書に示されているものは、そのほんのほんの一部でしかない。

そう考えてくると、総合的な学習の役割も見えてこよう。教師が与えたものをこなすだけの子どもではなく、自分の目で、自分の手で森羅万象に立ち向かっていく子どもこそが大切である。

いま食が注目を集めているのは、人間を取り巻く森羅万象のなかで、食が重要であるからである。食を通じて、もっともっと人間というものを深く理解してみたい。

# Ⅱ　食の授業づくりの実際

# 1　インスタント・ラーメンで消費者教育

## 青春の通過食品

もうかれこれ十数年前のことになる。インスタント・ラーメンを教材化しようとして、日清食品のプロダクトマネージャーを呼んで講演してもらったことがある。日清食品といえば、一九五八（昭和三十三）年に初めて「チキンラーメン」をつくって売り出した元祖インスタント・ラーメン屋さんである。

そのマネージャーは、いかにラーメンの味をその時代に合わせていくかについて面白い話を聞かせてくれた。

その話のなかで、彼はインスタント・ラーメンは「青春の通過食品」なんだということを言った。なんでインスタント・ラーメンが青春の通過食品なの？　まず聞いてみた。

「青春って何歳くらいのことをいうんですか。」

「そうですね。十五歳プラスマイナス三歳でしょう。」

とすると、青春というのはちょうど中学生・高校生の時代ということになる。なかなかの名言だ。

小学校の時代は、だいたい親がつくってくれたものを食べるのが普通で、自分からつくって食べるということはあまりない。

ところが、中学生になって部活から帰ってきたときとか、塾に行く前とかに、軽い食事を取ることがある。その時、親がいなくても手軽に自分でできるインスタント・ラーメンが、とっておきの食べ物ということになる。つまり、青春時代が始まるとインスタント・ラーメンを食べることになるという理屈である。

そして、高校を卒業するころになると、もっときちんと食事をしなくてはと考えるようになり、やがてインスタント・ラーメンを卒業していくというわけだ。

フムフム、フムとなんとなく説得されてしまった。

## 授業の実際

インスタント・ラーメンに着目した理由は単純だった。国語や算数に比べて社会科の授業はやりにくい、どうやっていいかわからないといった声は昔も今も変わっていない。教科書を見ても、何やら自分とは関係なさそうなことを書き並べてあるだけだ。

そこで、子どもたちに最も身近といっていいインスタント・ラーメンを取り上げることにした。

インスタント・ラーメンは即席めんの代名詞のようになっているので、ここでは中華風のものだけでなく、うどん・そば類まで含むことにする。さきに述べたように、元祖インスタント・ラーメンはチキン・ラーメンなのだが、これは「袋めん」である。つまり、いったん袋を開けてなべで煮るというやつである。

ところが、人間というものは、手抜きを考えるもので、一九七一（昭和四十六）年には「スナック（カップ）めん」というものを出すようになる。ふたを開けてお湯を注いで「三分間待つのだぞ」という輩である。人間というのはどこまでも楽をしたい動物のようだ。

結局、カップめんが袋めんを大きく超えて今日に至っている。

まず、子どもたちの知っているインスタント・ラーメンをあげてみよう。「サッポロ一番」のみそラーメンや塩ラーメン、「チャルメラ」「チキンラーメン」「カップヌードル」などはあいかわらず健在である。最近の商品としては、「麺の達人」「ラ王担担麺」など多彩である。

ここでは袋めんを取り上げてみよう。伝統の一品「サッポロ一番」で説明しよう。まず包装紙を見て、そこに書かれていることを全部あげさせてみよう。

・商品名　サッポロ一番　みそラーメン
・会社名　サンヨー食品株式会社
・品名　即席中華めん
・原材料名
・内容量　１００ｇ（めん９０ｇ）
・賞味期限
・保存方法
・調理方法
・販売者
・おいしい召し上がり方

これらのほかに、ＪＡＳマークがある。ＪＡＳとは、Japanese Agricultural Standard の略で、「日本農林規格」のことである。農林水産省が認定したもので、農業生産物を工場で加工したものにつけられるものである、と説明しよう。あくまでも工場で加工されたものにつけられるのだから、なまの野菜や果物にはつかない。

さらにバーコードの勉強もできる。バーコードの読み方も教えてあげよう。特に最初の

４９という数字は日本の国のコードであり、世界中どこに行っても４９と書いてあれば、日本製品だとわかってしまう。ここで、子どもたちの目は一段と輝いてくる。

## インスタント・ラーメンの秘密

まず、「袋めんの麺は切れているでしょうか、つながっているでしょうか」と発問してみる。まず人はそんなことを考えたことはないという顔をする。大人を対象にしても、半数以上の人は「つながっている」と回答する。

「そんなことはないでしょう。もしつながっているとしたら、静かに食べ続けたら、ずーっとつながっていることになるでしょう。」

こういうと、さすがにその誤りに気づいてくる。そこで、「切れているというほうに手を挙げた人に聞きます。一本の長さは平均何センチでしょう」と問う。

これもまず答えられない。「二十センチ」「三十センチ」なかには「五十センチ」という答が返ってくる。

実際の長さは「六十五センチ」である。あくまで平均である。

「では、それが一袋には何本入っているでしょうか。」

これもわからない。実は平均七十九本入っているのである。

この数字を掛け合わせると、何と五十一メートルという数字が出てくる。

インスタント・ラーメンを食べると体によくないということを、くどくど説明する必要はない。この事実を教えてあげれば子どもたちは納得する。インスタント・ラーメンを二つ食べると百メートル以上もの麺があの小さな胃のなかに入ることになるのだ。考えてみるだけで、気持ち悪くなる。

大人でも同じこと。飲んだあとのラーメンはたしかにうまいのだが、もちろん要注意！五十一メートルとまでいかなくても、店のラーメンは麺が太いから同じである。

このインスタント・ラーメンの授業は、私の食べ物教材開発の第一号であった。消費者教育もこんな素材を使えば楽しくできる。

# 2　ロッディ焼いて国際理解

## 天ぷらそばを越えて

昔、小学校六年の社会科の国際理解といえば、天ぷらそばを取り上げるのが常套手段だった。天ぷらそばは和食の代表格だが、材料や原料を分析していけば、そのほとんどが外国からの輸入に頼っているという事実から、外国との関連を考えさせようとする実践だ。たしかに小麦やエビだけでなく、そば粉そのものが、外国からの輸入に頼っている時代である。

かねてより、私は「天ぷらそばねえ、子どもたちはどれだけ好きなのかねえ。日曜日に何を食べに行きたい？と聞いても、そば屋に行きたいという小学生がどれだけいるかねえ」と、半ば冷やかにこの種の実践を見ていたものだ。

実は私は無類のそば好きなのだが、それとこれとは別。私はそこで、国際理解の教材として「ハンバーガー」を取り上げることを試みたが、今回は「パン」で迫ってみたい。なぜか。それは、この実践が、私の実践としては最高に思い出に残っているからである。

# 木村屋のあんぱんから

舞台は金沢大学教育学部附属小学校の体育館。全国から授業を見るために八〇〇人以上の教師たちが集まった。明治図書主催の第一回「社会科フォーラム」の開催である。時は一九九三（平成五）年十一月二十七日（土）、もう九年近く前ということになる。

六年二組の福永義則学級を使って、担任の福永氏と谷川、そして取りとして授業の名人有田和正氏（当時、愛知教育大学教授）が授業を行った。

私は初めから、木村屋のあんぱんを導入に使おうと決めていた。二日前に一度学級を訪問し、木村屋のパンについてだけ、簡単な予備授業をしておいた。

読者のあなたは、木村屋のあんぱんを食べたことがあるだろうか。全国的にデパートなどで売っているので、入手はそう難しくないが、できれば銀座四丁目の交差点のすぐ近く（和光ビルの隣）の木村屋総本店で買ってほしい。

木村屋は明治の初め、茨城県から出た木村安兵衛が長崎の職人梅吉に技術を学んでつくり上げた物で、日本人独特のパンとしては最初のものであった。安兵衛は饅頭をヒントにして、中に〝あん〟を入れるパンを考案したという。それ以来、わが国では何かを入れて包むというパンが流行ることになる。木村屋のあんぱんをヒントにしてつくられたのが、新宿中村屋のクリームパン、さらには山崎屋のジャムパンが続くことになる。

現在の木村屋には多種多様なあんぱんがあるが、私は「桜あんぱん」以外は一度も口にしたことがない。桜あんぱんのおへそには、桜の花の塩漬けが入っている。この桜あんぱんこそ明治以来一貫して伝えられている木村屋のあんぱんなのだ。

## ロッディを焼いて

しかし、当日の授業のメインはあんぱんではない。まず子どもたちに「世界のパンにはどんなものがありますか」と発問する。フランスパン、イギリスパン、黒パン、クロワッサンなどはすぐ出てくる。クロワッサンが出ると、「クロワッサンてどんな意味か知ってる?」と聞いてみる。まず普通は知らない。そこで、これはフランス語で「三日月」を意味しているんだが、これはオーストリアがオスマントルコと戦って勝利を収めたので、トルコの旗についていた三日月を模したパンを焼いて食べたのだよ、と教えてあげる。

イタリアのピザも、アメリカのハンバーガー（使われているのはバンズ）もパンの一種だ。アジアにくると、インドのナンがあがってくる。授業ではスリランカのロッディを扱った。スリランカのロッディはナンとほとんど同じ製法で、小麦粉と水と塩さえあれば誰にでもできる。

授業者は演出家でもあると考えている私は、「わざわざスリランカの人に飛行機で来ていただきました」と叫んで、体育館の横のドアから登場してもらった。子どもたちは驚いてどっとざわめく。彼らは、私がスリランカから本当に呼んだと考えたのだ。実は東京から来てもらっただけなのに…。そして、いよいよロッティを焼いて食べることに。焼くのを見ながら子どもたちはいろいろ質問をした。とても楽しい交流風景であった。

## 人と人がつながる

この授業は実は社会科の授業として行ったものだが、今から見れば社会科という教科の

枠を超えた総合的学習であった。たった一時間の授業だったにもかかわらず、子どもたちには大きなインパクトを与えたようだ。

今まであちこちで授業を通じて多くの子どもたちに出会ってきたが、この福永学級の子どもたちのようにユニークで明るい子どもたちはほかに知らない。感想文でも実にユニークなのである。

お土産としてあんぱんを人数分買っていたのだが、「今度来るときは、一人二個ずつ持ってきてください。きっと喜ぶと思います。出費に負けずがんばってください」などと、平気で書いてくる子、または「先生はお酒が好きですか。わたしは、お正月のときだけど、ちょっと飲みます。一杯飲んだとき、かーっとなるのが何ともいえませんね。今度勝負しましょう」と書いてくる女の子やら、それはそれはユニークでありました。

それにさらにおまけがついた。私の第一印象が「たぬきに似てる」と書いた（普通書くか！）子から「先生の授業を中学校時代にもう一度受けてみたい」という手紙を受け取ったのは一年半後のことであった。その子どもたちに二度目の授業をするという夢はかなえられなかったものの、ちょうど五年後に金沢で会えることになった。このときほど、教育って仕事はいいなあ！　と心にしみたことはない。教育という仕事を選んだことに誇りを感じた。

文化会館でお茶を飲んで、夕方になったら、当時高二になっていたその子たちが、「自分たちの教室に行ってみたい」といい出した。金大の附属小学校は移転のため、取り壊し寸前だったのだ。夕暮れ迫る教室の黒板に誰かが書いてくれた。

「福永先生と谷川先生と三十八名の愉快な仲間たち!!」

涙が出るほど感動した。私のやった授業はたった一時間。それでも私を最後の同級生に加えてくれた福永学級の仲間たち、ありがとう。

こんな人と人とのつながりをつくってくれたのも、木村屋のあんぱんとスリランカのロッティであった。まさに食は人間と人間を結びつけてくれる。その子どもたちも成長して、その多くは大学生活を送っている。

総合的な学習といっても、何か目新しいことが始まるというわけではない。これまで行ってきた実践を振り返ることで、新たなヒントが生まれてくる。

# 3　駅弁はマルチ情報

## 駅弁と夢

「お弁当」という言葉に日本人は弱い。おふくろがつくってくれた弁当とか、愛妻弁当とかいうと、なんだか愛情がこもっているように感じる。また、私どもの世代だと、遠足とかピクニック（そんな言葉は昔はなかった）に持っていくというイメージがあって、とにかく楽しい思い出が多い。

それに比べれば、近頃のコンビニで売っている弁当なんぞ、とても食えたものでない。私とて買って食べることもないわけではないが、何か気持ちがないというか、ただご飯とおかずが無機的につめられているという感じで、なかなか手を伸ばす気にはなれない。ところが、駅で買う弁当となるとなんとなく心がわくわくする。どんな季節でも、旅に出るのは楽しいものだ。弁当と旅、それに鉄道が重なってくると、もう旅好きな人にはたまらない。

そんな駅弁で総合の学習ができるとなると、こんな楽しい話はない。

# 全国の駅弁ベストテン

全国には駅弁の数は約二千三百種類あるといわれている。そのうち約千種類が幕の内や握り寿司のような一般的な弁当、そして約千三百種類が地域の個性をもった特殊弁当といわれるものである。

私の偏見だけかもしれないが、どうせ食べるなら特殊弁当にしよう。幕の内とやらは、ただ空腹をいやすためのものであって、地方にいったら、その土地の特産物を生かした駅弁を食べてみよう！　食は文化なのだから…。

一時期、駅弁を食いまくった。全国各地に出張に出かけたときには、必ず弁当をお土産に買ってきた。金がかかったうえに、腹も出てしまい妻に嫌われそうになった…が、いい思い出ではある。

独断と偏見で、全国ベストテンを紹介しよう。味や地域性やパッケージのセンスなどが選んだ基準である。順序づけは難しいので北から並べよう。

・「いくら弁当」（北海道）

北海道といえばいくらである。これはどこにも負けない味だ。名称は多少変わっていても、北海道の味は永遠である。

・「独眼竜政宗弁当」（仙台）

いわずと知れた杜の都・仙台を代表する弁当だ。仙台駅は全国でも最も駅弁の数が多いことで知られている。仙台駅には「こばやし」と「伯養軒」の二軒の弁当屋が入っている。独眼竜政宗弁当は「こばやし」の弁当なので、くれぐれも店を間違えないように！

・「雪だるま弁当」（新潟）

これは雪国新潟を象徴した弁当だ。味もまあまあだが、それ以上に容器が雪だるまの形をしていて面白い。食べ終わったら貯金箱にもなる親孝行者。目や口の形を変えることができるユニークな一品。

・「峠の釜めし」（横川）

これを食ったことがないのは日本人ではない！　と、一昔前は学生にいっていたものだが、今は時代が変わってしまった。でも、学生の親で関東に住んでいる（た）人は、一度くらいは口にしているはずだと今も思う。

長野新幹線ができて、すっかり旅情がなくなってしまったなあ…と、信州生まれの私は残念に思っている。昔は横川駅でおぎのやの弁当屋さんが丁寧に頭を下げて駅弁を売ってくれたものだ。

戦後しばらく経って、仕出屋のおかみさんが何とか温かい弁当を食べてもらおうとして、釜に弁当を入れてみようと思い立ったのが始まりで、栃木県の益子で釜を焼いてもらい、元祖釜めしがスタートした。

・「深川めし」（東京）

東京で食べていい（？）のは、この弁当だけ。東京は駅弁の数も少なく、特色あるものはほとんどないが、この「深川めし」は江戸時代からの郷土食で、味わいも深い。

・「ますのすし」（富山）

富山に親戚が多かった私にとって、小さいころ、「ますのすし」をお土産に持ってきてくれるのが、何よりの楽しみだった。寿司といえば握りずしだと思いこんでいる山育ちの少年には、押し寿司というのが珍しかったし、また何ともうまかった。

・「柿の葉寿し」（吉野）

関西にはうまい駅弁が少ないが、これは超別格。全国でも一、二を争える駅弁である。吉野地方にはもちろん海からの魚はなかったのだが、あえて熊野からさばを水揚げし、保存食として柿の葉に一つ一つくるんだのが柿の葉寿しである。本当にうまい！

・「ままかり弁当」(岡山)

「まま」とは「ご飯」のこと。ままを借りにいくほどうまいというところから、この名が生まれたという。「ままかり」とは関東ではなかなかお目にかかれない小さな魚なのだが、瀬戸内では評判の高い魚のようだ。

・「かつおたたき弁当」(高知)

土佐はかつおだ！　土佐で食べるかつおは本当にうまい。この弁当には秘密がある。もともとかつおは冷たくして食べるもの。ところがご飯は温かくして食べるもの。どうしても矛盾する。

そこで、考えついたのが、たたきの下にドライアイスを入れるというアイデア。これは成功している。この弁当いつまでも続いてほしい。

・「火山弁当」(鹿児島)

いうまでもなく、桜島に由来する。火山にちなんで、この弁当にも仕掛けがある。紐をひっぱると、化学反応を起こしてご飯があったまるのである。これを世間では「アッチッチ弁当」と呼んでいる。

## 全国駅弁マップ

ざっと見るとわかるように、駅弁にはその土地土地の情報が満載されている。土地の産物はもちろんだが、気候や地形や歴史まで表している。いわば駅弁はマルチ情報の発信源なのだ。しかも、その背後にはその土地の人々の願いがこめられている。

まず、全国の駅弁パッケージを集めてみよう。弁当ごと買うことはまず不可能だから、パッケージだけを集めることにする。関連の駅弁や土産物店に電話一本いれて、「授業で○○地方の代表的な駅弁としてお宅の弁当を使いたいんですけど、パッケージだけでいいので、送っていただけませんでしょうか」と丁寧に頼むと、すぐ送ってくれる。

日本地図のうえに、駅弁のパッケージをはっていくだけで、その地方の特色がわかってしまう。何県の産物が何で、どんな都市があるかなど、駅弁を使えばなんなく理解できてしまうといった勘定だ。

駅弁に着目した一つの理由は、駅弁にはすべてが含まれているからであった。いうまでもないことだが、食べ物には好き嫌いがある。子どもの多様性を考えれば、それはどうしようもないことである。だから、エビとかセロリとかのように一品だけを扱うのは要注意である。

その点、弁当はすべて（そういっていいだろうと思う）の食材を含んでいる。嫌いなものはやらなくていい。好きなものに取り組ませればいいのである。

最後は、地元の駅弁をつくってみよう。名称やパッケージ、中身も自由だ。子どもたちを地域に親しませる格好の材料になる。

今では、あちこちで駅弁の授業が見られるが、私が学生たちと開発したものが元祖であることをお忘れなく。

## 4 チマキで見えた 人のコミュニケーション

### チマキ食べ食べ～

柱のきずは　おととしの
五月五日の　背くらべ
粽食べ食べ　兄さんが
計ってくれた　背のたけ
きのうくらべりゃ　なんのこと
やっと羽織の　紐のたけ

日本人には懐かしい唄だ。少し年長の人ならだれでもこの唄で春を迎えたはずだ。

チマキをつくって食べようという生活科の授業をやったのは、もう十年近くも前になろうか。何とか季節に合った授業を開発しようということで、チマキをつくることになった。

チマキは全国的にかなりの範囲でつくられていて、地域によって特色がある。京都のチマキは有名だが、縦に細長くてちょっと上品な感じなのが特色だ。

それと比べれば、新潟のチマキはがっちりとしていて、いかにも雪国の人の知恵がこめられている。迷うことなく、新潟、それも上越地方のチマキをつくることにした。理由はいたって単純、妻の出身が高田であり、同じく高田生まれの義母がわが家に当時同居していたからである。年寄りをバカにしてはいけない。年寄りに近くなっている本人がいうんだから嘘はない！　老人こそ食文化の大切な伝承者なのだ。

チマキをつくるには笹がいる。ところで実践をする日は、二月の寒い時期、どこ探したって笹なんかあるはずもない（大学の授業の一環として行った実践なので、年度末には実践しなければならない宿命にあった）。

そこで考えた。人間やる気になればできるものである。千葉市のある和菓子の問屋で年中青々とした笹を用意しているとのこと。早速行って買い求めることになった。

## チマキをつくる

チマキはまず一枚目の笹を丸めてそこに餅米を入れる。しっかり入れるためには割り箸でつついて入れる。そして、その上から二枚目の笹をかぶせるようにして、最後は紐でしばって完成である。

これだけの作業だが、小学校二年生にはけっこう難しい。そこで、各グループに学生をアシスタントとしてつけることにした。グループごとにつくるが、一人でつくる数は五個とした。

子どもって面白いものだ。われわれが考えもしないことを言ってくる。

「先生、六個つくっていいですか」

「いいけど、なんで六個なの？」

「うち、家族六人だから…」

こんな子の家はきっとうまくいっているんだろうと考えた。それとは逆に、私が手伝ってあげようとしたら、なんとなんと、紐が切れてしまい、その女の子の目には涙がいっぱい！

やばい…といったって、もとには戻らない。私は背を丸めてあやまるしかなかった。

## デューイの理論が見えた！

チマキをつくらせていると、授業を見ていたある先生が私のところにやってきて、ささやいた。「先生、チマキを五個つくらせたのがよかったですよ。」

なぜ？　と思い聞き返すと、「どんな子でも、五個くらいつくっていくうちにできるようになるんですよ」。この言葉が衝撃的だった。そうだ、この考えこそ「上達」の理論なのだ。あとで考えてみると、この理論はJ・デューイの経験主義の理論にもののみごとに合致していたのである。

昔むかしのことだが、大学生のときにデューイの理論を知ってえらく感動したことがある。彼の理論は経験主義と呼ばれてきたが、ここで、その理論を簡単に披露しよう。まず「経験」(experience) という言葉を説明する。日本語で経験というと、何か過去のようなニュアンスがあるが、デューイの経験は大ちがい！

まず主体としての人間が環境に働きかける。すると、今度は環境が人間に働きかける。これは理解できる道理だ。ピアノに向かって鍵盤を打つと、逆にピアノはある音を出して人間に働きかけてくる。これが「経験」なのだ。学習というのは、この経験を無限に繰り返していくというのが、デューイの教育論なのである。

これだけ簡単に説明するのは難しいが、理解されたことと思う。テニスやスキーなどのスポーツを例にすれば、よくわかることと思う。つまり、日本語で言えば「上達」ということなのである。

私にとって、このチマキの授業は、デューイの理論の具体的な実践例なのであった。デューイの研究者はたくさんいるが、どうして学者はわかりやすく説明してくれないのか。

子どもたちは、一個一個つくることによって腕をあげていった。ほとんどの子が一個目からうまくいかない。だが、二個目三個目となると、見違えるようにうまくなっていく。なぜ上達するか。うまくいかない場合、その原因を考えて工夫するからである。

私にささやいてくれた先生は、それを見て「五個がよかったですよ」といったのだ。実をいうと、この先生こそ、いまは文部科学省の学校給食調査官をされている米満裕氏であった。当時、氏は谷津小学校の教諭であったのである。

総合的な学習というのはこのような活動に似ている。子どもたちが自分の力で自分の生き方を切り開いていくことが求められているとするならば、繰り返しの学習が必要となる。

## 親子の姿が見えた！

つくったチマキは丸一晩、水につけて寝かせておく。翌日、それを家庭科室でグループごとに約五十分鍋でゆでる。場所によっては蒸すところもあるようだが、上越地方ではゆでることのほうが一般的らしい。食べるのは、やはりいちばんの楽しみだ。砂糖醤油ときな粉の二つの皿を用意しておいた。どちらかを選んで食べてほしい…との心づもりだったのに…。なんとなんと、今どきの子どもたちは、きな粉に醤油をかけて食べているではないか。おいおい、それって違うんじゃないの？と思いながら、ちょっとつまんでみると、けっこういけるではないか！　やっぱり大人の先入観で見てはいけないのか。

チマキの授業が終わって、しばらくして福岡に講演に行った。学生がつくったこいのぼりを出し、またいつものとおり「背くらべ」の唄を歌って講演は終わり、会場を出ようとした。すると、年格好が私と同じくらい（当時のことです、念のため）の女性が、私のところに走ってきた。彼女はこう言った。「最近、筑波大学にいっているうちの娘が、鯉のぼりの作り方を教えてほしいというので、教えてあげたんですよ。まさか、先生がその演習の担当の教授だとは知りませんでした。その鯉のぼりを見て感激してお声をかけさせていただきました」。いい話である。世の中、捨てたものではない！

# 5　そば打ちを遊び心で

## 信州そばの味が落ちた？

昔から信州人はそばにうるさい。

信州人の悪いところは、現実を見ずになんでも自分たちがいちばんだと思いこむところだ。だから、信州そばが日本一だと思いこんでいる。かくいう私がそうだった。

学生時代から、東京のそばなんて食えるか！　と思いこんでいたし、故郷松本に帰るとまずそばを食うものと決めていた。

ところが最近、松本の町中で食べるそばがうまくない！　何か違うのだ。東京方面から来る観光客にあわせてそばを打つので、そのせいかなあ…とも考えたが、どうにも合点がいかない。

よくよく考えてみたら、長年自分が思いこんでいた観念が間違っていたことに気づいた。信州のそばってそんなにうまくはなかったのだ。

## 藪そばとの出会い

大学の演習で、そば打ちの授業を開発した。とにかく最初は東京中の主なそば屋を食べ歩いた。これぞといった店にはなかなかめぐり合えない。大阪からきた砂場、信州にもかかわりがあるともいわれる更級などなど、数え切れないほどはしごをしたが、いずこもだめ。

そうこうしているうちに授業日が来てしまい、小学生を対象にした授業にそば打ちの名人を呼んで教えをこうことになった。家庭科室に名人を呼んでまずデモンストレーション。そして子どもたちにもこねる・のばす・切るを体験させる。やはり、体験は面白い。子どもたちは夢中になって取り組んでいる。実はこの師匠、江戸の藪そば系だったのだ。そば道場に行ったとき聞いた話にガーンときた。

何も知らない信州人の私は、「東京のようなうどんのような白いそばなんて食えるか！」とのたまっていたのである。「そばってのはなあ、やっぱりそばらしく黒くなければなあ」などとうそぶいていたのである。

ところがお師匠はこう言った。

「色が黒いのは、そばの皮をむく技術がなかっただけで、江戸にはその技術があったので、色が白いんです。」

こんなショックはなかった。信州人のプライドなど一気についえてしまった。そうなんだなあ、そばの色が黒いのは、技術がないために殻が混じっているだけで、本来は殻を取ったそばの実を挽いたそばがいちばんのそばなのだ。これは小学生にもわかる道理である。

そして、おずおず食べてみた。これがうまい！

私が子ども時代から思いこんできたそば観は見事にくつがえされた。それ以来、私は藪そばのとりこになった。藪そばに学んだことは二つある。

一つは、麺は細くて太さを均一に切ること。細いのがなぜいいか。ゆでるときに、均等になかまで熱が伝わる。つまり、麺の外側と内側の差を小さくできるというわけだ。そして、均一でなければならない理由は？　太い麺と細い麺が混じっていると、太い麺がほどよく茹で上がるときには、細い麺はすでに茹ですぎになってしまうから。

理屈がちゃんと通っているのである。よく、太さがまちまちだから手打ちといえるんだ、という人がいる。それは誤りだ。麺を同じ太さに切るだけの技術がないだけのことなのである。

二つ目は、つゆの濃さである。藪のつゆは一見濃すぎるように見えるが、決して塩辛くない。軽くつけて一気にのどを滑らせるように食べるのがコツである。

## 学園祭に出店！

師匠の腕を見ていたら、自分でも打ちたくなった。私の大学では十月に学園祭が行われるが、そこに模擬店を出すことになった。

不十分な設備のなかで、三日間「祥英庵」（私の彰英をヒントに命名）を開店した。そばうちセットを買いこみ、デモンストレーションを行い、その場で食べていただく。これは面白かった。

日ごろは教壇の上から講義している大学教授がそば屋の店主に大ヘンシン！　そば屋から見たキャンパスがいつもとはすっかり違って見えた。これも大きな経験。

一杯二〇〇円。三日間でついに五〇〇杯を売り尽くした。しめて十万円の収入。材料費は三万五千円。差額は一晩の打ち上げですっかり消えた。

世にいう総合的な学習も、こんな遊び心があればいいのになと思う。しかつめらしい顔をして授業をしても、子どもたちは納得しない。

十月はいつも学会と重なる時期なので翌年は閉店。そして二年ぶりに開店したら、なんと「ここのそばが食いたかったんだよな」と言ってわざわざ来てくれるお客さんが相次いだ。店主としてこんなうれしいことはなかった。

## 全国のそばを材料にして

それから、全国のそば行脚が始まった。そばはやっぱり東京だな、と思う反面、全国にもいろいろなそばがある。ぱっと思いつくのは福井のおろしそば。大根のおろしがかかっていて、福井ならではの味。南方面にはそばがないと思いきや、鹿児島のそばも予想に反してまあまあである。

　意外にうまいのが茨城県。ひょっとしたら信州以上かもしれないな…と、ちょっぴり考

えている。北海道はそば粉の八十パーセントを生産しているけれども大味でだめ。信州も町中の有名店はだめだが、人知れず山のなかで打っているそばには絶品がある。出雲の割子そばは、色が黒いのを除けば食べ方がユニークでいい。

そんな全国のそばを紹介しながら、仙台にある宮城教育大学の附属小学校の六年生を対象に授業をした。いろいろハプニングはあったが、面白かった。

まず全国の有名そばを紹介し、江戸の町に出回っていたそば屋の錦絵を読み解きながら、最後はそばを打って食べるという算段だ。子どもたちのなかにはそばアレルギーの子もいるので、それだけは注意しなければならない。

## 人間のこだわりを学ぶ

そばのルーツはヒマラヤであるという。そこから東西に流れて流れて現代にいたっている。そば切りと称して細く切って食べるのは東アジアの特色。韓国の冷麺も材料はそば粉である。

そば切りが始まったのは江戸時代以降だといわれている。特に江戸の町で広がった。それまでは、そばがきといわれたように丸めて食べていたようだ。

そばを食べてきた信州人は全国でもトップを争う長寿県。血圧を下げる働きもある。私は毎日一食そばでもいいというそば好き人間である。それなりの店に入ったら、盛りそばしか頼まない。天ぷらなぞを一緒に食べてはいけない。そばの味がわからなくなるだけである。それでは、そばに失礼である。

これも遊び心だ。総合的な学習にはこんなゆとりがほしい。

## 6　キムチは日韓交流の絆

### ノーベル賞でつながる日韓！

夜宿舎に帰って何気なくテレビを見ていたら、いきなり「筑波大学名誉教授・白川英樹氏がノーベル化学賞受賞」という速報が目に飛びこんだ。このところ、筑波大学に関しては暗いニュースが飛び交っていたので、スカッとする気持ちだった。

白川先生は、二〇〇一（平成十三）年の三月まで長く本学の教員をされており、第三学群長という役職に就かれていたころ、お邪魔してお世話になったことがある。ものすごく丁寧で親切な方である。そのときはノーベル賞を受賞される先生などとはまったく思っていなかった。

そんなホットなニュースに沸き返っていた矢先、今度はお隣の韓国の金大中大統領がノーベル平和賞を受賞したというニュースが飛びこんできた。これもまたうれしいニュースである。

韓国で講演する際に、私はよく「私のルーツは韓国なんですよ」という。すると、韓国の人たちは「何代前からですか」と聞いてくる。すると私は「そうですね、たぶん二千年くらい前だと思います」と答える。まあ、これはジョーク半分だが、半分は本当かもしれない。

そんなわけで、今もっとも私が足を運んでいるのが韓国である。三年前日本で出した『趣味を生かした総合的学習』（山口満氏との共編著、協同出版）の翻訳が昨年韓国で出版された。これもうれしいことである。

## 多様なキムチ

韓国に最初に行ったのは、一九八八（昭和六十三）年のことである。韓国で「パルパル（88）」と呼ばれたソウルオリンピックが終わった直後のことだった。

まず、最初にレストランに連れて行かれてキムチを食べる。どこのレストランに行っても、キムチの味が違う。最初の何年間かは公式な訪問で、高級なレストランばかりで、それほど個性を感じなかったが、次第に場末の店に入ることを覚えてくるにしたがい、キムチの個性を感じるようになった。

韓国のキムチは多様である。日本人の好きなのは白菜のキムチだが、オイキムチ、カクテキなどのほかに、水キムチなんてものもある。キムチという言葉は「野菜の塩漬け」を意味する「沈菜（チムチェ）」に由来するという。

時代的には七世紀には食べられていたというから、日本の漬物と同じと考えていい。ただ違うのは、十二世紀ごろから各種の香辛料を使うようになり、その味を決定的にしたのは十六世紀に韓国に伝わった唐辛子であった。唐辛子によって、キムチは大変身したといっていい。

唐辛子が入るまでは、わが故郷の信州の野沢菜とさして違ってはいなかったのだ。もともと韓国は寒く、冬場の野菜不足の解消が課題であった。だから、漬物にして野菜を保存食として食べる必要があった。信州の野沢菜も同じ理由でつくられたものだ。

キムチはビタミンをたっぷり含む上に、低カロリーであり、乳酸菌による整腸作用もある健康食品である。また、唐辛子のほかにニンニクやショウガを加えることによって、老化予防や血液循環を活性化する働きがあり、まさに生活習慣病にもってこいの食品なのである。

私は毎年、大学院生二十数名を引率して、韓国で授業を行うことにしている。今年で八年目になる。二年前の十二月、韓国を訪れたとき、ソウルのど真ん中のインサドンのちょっとしたレストランでビビンバを食べた。学生たち十数名が食事をしている間、その店のおかみさんが流暢な日本語で優しく話しかけてくれた。

そのうち、うちのキムチの壺を見せてあげるといって、庭に埋められている壺を見せてくれた。人間が一人入るくらいの壺にいっぱいにキムチが漬けてある。おかみさんは、例によってはさみでキムチを小さく切って、われわれに食べさせてくれた。

これは感激だ。壺によって味が微妙に異なっている。うまい！　だが、それ以上に日本人のわれわれにキムチを見せて食べさせてくれたおかみさんの心が胸にしみた。日本人だ、韓国人だという前に、われわれは人間なんだなあ、と痛くわれわれは感じ入った。そうだ、人間として同じなんだ。それもキムチという食べ物が人間と人間をつないでくれたのだ。

## キムチの授業

韓国研修の第一回目に行った授業がキムチの授業であった。一九九五（平成七）年のことである。韓国で学生が授業をするといったことは当時、だれも考えなかったし、行ってもいなかった。

一九八二（昭和五十七）〜一九八三（昭和五十八）年の教科書問題をかわきりにして、

日韓関係は年ごとに悪化の様相を示していた。そのピークは一九八八（昭和六十三）年のソウルオリンピックであり、それは日本人選手へのブーイングとなって現れた。その前年には国民の自主的な献金による「独立記念館」も設立されている。

そんな影響がまだ残っているなか、私たちは第一回目の授業としてキムチを取り上げた。相手は高校生。まず、キムチが日本の市場にいかに多く登場しているかをデータで示す。韓国から輸入しているキムチは当然のことなのだが、キムチのスナックなど、キムチはあらゆる食品に浸透している。それらのグッズを実際に持っていき、臨場感を増した。

輸入だけではなく、日本でもキムチをつくっていることを紹介して、実際に日本のキムチを食べさせることにした。四種類のキムチを用意した。

第一はロッテデパートで買ったキムチ、第二に通訳してくれた留学生の家でつくったキムチ、第三に韓国から日本に輸出されているキムチ、そして第四に日本の家庭で簡単につくれるキムチ。この四種類である。このうち、一番まずかったのは、いうまでもなく、四番目のもの。これは白菜を塩漬けにしてしばらくおいたあと、キムチの素をまぶしただけのものである。授業の実演としては面白かったし、韓国の生徒にも大いに受けた。

初めてのことで、韓国の高校生の実態もよくわからずに行った授業としては、まずまずの成功であった。

私は韓国料理が大好きなのだが、どうも日本の韓国料理系はいまひとつ納得できない。ことに焼肉は本場のカルビやプルコギとは大違い。肉が違うということもあるが、韓国ではサービスとしていくらでも出されるキムチやサンチュが、日本では一皿数百円もする！それだけで、私なぞは韓国に行ってしまいたいと思うほどだ。

白菜キムチも決定的に違う。まず日本の白菜は水っぽくてだめだという。本物のキムチをつくるために、韓国から白菜を持ちこんだという話も聞く。むべなるかな！

だから、しばしば私は韓国に行く。行くといろいろな人々と出会うことができる。食はやはり人の輪（和）をつくってくれる。

# 7　食べること大研究

## 食べること大研究

総合というと、何か大げさに構えてしまう実践が多いように思うが、本当はさりげなくやってしまう心構えがほしい。そんな実践を、さいたま市立仲本小学校の実践に見た。特別なイベントを組んだわけではない。また、膨大な時間を要したわけでもない。ちょっとした工夫でこれだけの実践ができるといういいお手本である。

授業者は三年一組担任の須田晴美教諭と栄養士の石井恵子氏。ごく自然に栄養士が加わっているのがいい。「単元設定の理由」に次のように書いてある。

「人間にとって『食べる』ということは、生きていくために不可欠なことであるが、豊富な食べ物の中で育ってきている子どもたちは、『食べることとの意味』について深く考えることは少ない。本学級の児童も、毎日給食を楽しみにしているが、その食べ方を見ると、好きな食べ物だけを食べたり、嫌いでもないおかずを平気で残したりしている児童がいる。食べることは生命をつなぐだけでなく、その材料を作る人、食文化など、さまざまな要素と密接にかかわることでもある。そこで、『食べること』について、いろいろな角度から見つめ直させたいとの願いを込めてこの単元を構成した。『食べること』を通して『自分の健康』について、これから考えていくきっかけになって欲しいと願っている。」

この文章は特別なことをいっているわけではない。しかし、現代っ子の実態をさりげなく、鋭く突いている。もともと、「食べる」ということは、生物にとって日常茶飯事であって、特別な何かがあるわけではない。

だから、総合的学習でも、食はさりげなく扱ったほうがいい。

## 活動の流れ

総時間数は二十五時間。その主な流れは次のようになっている。

〈ふれる〉五時間

・食べ物について考えよう

〈つかむ〉十時間

・「食べること」大研究をしよう

・いろいろなことがわかったよ

みんなに教えてあげよう

〈ひろげる〉八時間

・自分の食生活について考えよう
・オリジナルメニューで料理づくりに挑戦
・栄養満点のカレーをつくるぞ！

〈まとめる〉二時間

・これまでのことを個人でまとめてみよう

## カレーづくりに挑戦！

まず学習は、八百屋さんの野菜はどこからくるのだろうという問題を追究することから始まる。さらに夕食を調べて、献立や材料などをお母さんにインタビューした。そしてビデオ「人間はどのように食べてきたか」を見る。

そのような活動から、子どもたちはさまざまな課題を見つけ出していく。

・僕たちの大好物は…？
・嫌いな物ワースト5は？

・苦手な物を食べられるようになるこつは？
・好き嫌いしていると体はどうなるの？
・どうやって献立を決めているのかな。お母さんや栄養士さんに聞いてみよう。

こんな研究の一部を紹介しよう。

「わたしはそうごうでえいようグループになりました。まずはじめに本でえいようのことをしらべると、力になるものは、さとう、ごはん、マカロニ…。からだのちょうしをよくするものは、にんじん、トマト、玉ネギ…。ちゃ、にく、ほね、はになるものは、チーズ、みそ、ベーコン。こんどは本で一日三回食べるわけをしらべました。わけは、一回にたくさん食べるとエネルギーが体に回らないから三回にわけて食べるです。」（女子）

このような研究をみんなの前で発表し、自分たちの食生活について考える。そこで考えたのは「家の夕食は三つの仲間がそろってるのかな？」と「自分は好き嫌いをしていないかな？」であった。そして、「自分で料理をしてみたいな」というところにもっていく。

料理としては、「カレーづくりに挑戦！」ということになった。そのときの感想の一部を紹介する。

「そうごうのじかんにカレーをつくりました。にんじんをあらってきってじゃがいももにんにくもたまねぎもあらってきりました。けれどたまねぎをきるときにめがいたくなり

ました。ぼくはおかあさんはいつもこんなつらいことをしていたのかと思いました。」(男子)

## 「四人寄れば文殊の知恵」

実践として、特にこれといった新しい試みをしたわけではない。しかし、このようなさりげない実践こそがこれからは重要である。

実践報告書を見るかぎり、教師と栄養士と保護者がきわめて、スムースに連携しあっている。自分の家の夕食を調べてきなさいといったら、どこの家のお母さん(保護者)も、その日だけは立派な料理をつくったとか…。これも聞くと何かほほえましい情景である。私はそんなさりげない実践が好きだ。

これからは教師だけががんばって授業づくりをしていく時代ではない。最近、私は「三人寄れば文殊の知恵」という言葉で総合の主旨を説いている。

本来は、総合の授業は教師と子どもたちと保護者(地域の人々を含む)の三者が協力してつくっていくべきものだというのが主旨だが、食に関しては学校栄養職員も入ってくる。そうなったら「四人寄れば文殊の知恵」である。

これからはお互いに知恵を出し合う時代である。教師も親もそうだが、学校栄養職員もそうである。それぞれ立場が違うから知恵を出し合うことができる。人間形成にとって知識も大切だが、知恵はそれ以上に重要である。

## 〈つなぐ〉ことの大切さ

最近、ＮＨＫの番組で大江健三郎が学校に出向いて、子どもたちに語りかけることをしているということが放映された。

大江健三郎の長男光君は障害をもって生まれてきたのだが、大江夫妻はこの光君をどう育てるか悩み、よっぽどこの子を連れて四国の田舎に住もうかと考えて光君に話したという。ところが、光君はノーといったという。それは学校には友達がいるからだといったというのである。そこから、大江は作家らしく「つなぐ」という言葉がいかに重要かと悟ったというのである。

人間と人間がつながっていくことがいかに大切か、光君が大江健三郎に教えたのである。子どもだけではない、教師も保護者も学校栄養職員も調理員も、手をつないでいこう。それが、二十一世紀型の学校教育である。

# Ⅲ　郷土料理を総合的学習で

# ちょっと長いまえがき

日本人は旅が好きである。時間とお金の余裕があれば、いつでもどこにでも出かけていく。そして、その旅先ではおいしいものを食べることを楽しみにしていく。それに温泉でもあればさらに最高の旅となる。かつて、ある雑誌で、とある外国人が、日本人はどこに行っても食べることばかりで、海で魚を見ればどうやって食べるのだろうと考えてしまう。そんなに対象を食にしてしまうのはおかしい、と書いていたことがある。

たしかに外国で日本人がショッピングに走るのは、見ていてあまりいい印象はないが、こと食に関しては少し違う意見をもっている。

日本人が各地を旅行しておいしいものを食べたいと考えるのは、全国各地にその土地土地の個性あるおいしい食べ物があるからである。私の研究の重要な柱の一つが地名研究である。つい最近出した『地名の魅力』（白水社）という本は、全国の面白い地名を訪ねて歩き、現地で取材して足で書いたような本である。おかげさまで好評で多くの読者を得ているようだ。

この本が生まれるきっかけになったのは、二、三年前、『コミック　アルファ』というコミック誌に「谷川教授の地名学」という連載をしたことであった。連載は隔週で、ほぼ毎週のように全国の面白い地名を訪ねて取材し、最後は現地のおいしい料理を食べるという記事であった。これは本当に楽しい旅であった。今でもすぐ頭に浮かぶのは、岐阜県の下呂温泉で食べた飛騨牛のホウ葉焼き、同じ岐阜県関市のウナギ、佐賀県呼子のヤリイカ、福井の越前ガニ、秋田県乳頭温泉の鍋など、枚挙にいとまがない。

日本は食材が豊富で、それぞれの土地にあったおいしい食べ物がいくらもある。それは文化の豊かさであるといっていい。例にしては申し訳ないが、アメリカの場合など、食材に大差はなく、料理方法も大ざっぱなだけに、食材によって大きな変化はないように見える。アメリカ料理の研究家にいわせれば、そんなことはないというかもしれないが、日本料理ほど、食材の自然な質を生かして料理をつくる国はそうないのではないか。

この章では、日本各地の郷土料理を紹介し、これらの料理を総合的な学習で取り上げたらどうかという提案をする。すでにI章で述べたように、総合的な学習の本質は学習指導要領という国家の枠から自由であるところにある。国家からの発信ではなく、地域からの発信である。国会議員からの発信ではなく、路地で野菜を売っているおばちゃんからの発信である。一見すると、日本の歴史に大きな貢献をしてこなかったようにみえる庶民の姿からの発信である。

柳田国男に代表される民俗学者は、何気なく見すごされてきた庶民の生活に注目し、そこに日本文化のアイデンティティを確認しようとした。柳田国男は日本民俗学の創始者として知らない人はないが、その柳田が教育に大きな期待をかけ、生涯を通じて学校教育に多くの発言をしてきたことを知る人はまだ少ない。柳田学と呼ばれる学問は、実は教育と裏腹の関係にあったのである。つまり、教育に活かされない学問も、学問を活かさない教育もいずれも否定したのである。

そういう考えをもった柳田国男であったからこそ、戦後生まれた「社会科」という教科に大きな期待を寄せ、「柳田社会科」と呼ばれる教科書づくりまでしたのであった。また、戦前から多くの発言を繰り返していた国語に関しては、亡くなるまで東京書籍の国語教科書の監修者を続けたのである。

さて、本章では十二篇の郷土料理を取り上げているが、これらを選んだ理由に確としたものがあるわけではない。月刊『食の学舎《まなびや》』に「食べ物で総合的学習」を連載していた際に、食の講演等で訪れた土地の食材や料理について取材し、書いてきたものである。あるいは、前から関心があって書いたものもある。

これらを読んでいただければ、次の点が明らかになってくるだろう。

①自分たちの地域には、それぞれ気候風土の特色を活かした食材がある。

②その食材を活かした郷土料理がある。

③その郷土料理には庶民の生活と知恵がこめられている。
④その食材や料理を通じて、日本人の食文化が見えてくる。
⑤さらに、郷土料理を通じて家庭・地域の人々との交流が深まる。
　以下の文章は、さきの連載で書いたものだが、紙幅の関係で十分書きこめなかった部分もある。特に、どう授業化するかについては深く書くことができなかった。それについてはⅣ章の記述を参考にしていただきたい。

# 1　ほうとうで環境教育（山梨県）

## 武田信玄とほうとう

甲府は東京とわが故郷松本のちょうど中間点にある。中央本線で八王子を過ぎると長い長い山道に入る。この先にほんとに人里があるのかなと不安になるほど、甲斐路は険しい。トンネルを出て勝沼から甲府盆地を見下ろす景色はなんともいえず感動的である。ここは戦国時代のヒーロー武田信玄が居城したところ。

信玄の父に当たる武田信虎が甲斐国を統一し、永正一六（一五一九）年、本拠地を石和から躑躅《つつじ》ケ崎に移してそこを「府中」としたのが「甲府」の始まりだという。つまり「甲斐府中」の省略形である。

甲斐の山々　陽に映えて
われ出陣に　うれいなし
おのおの馬は　飼いたるや

妻子がつつが　あらざるや
あらざるや

かの武田節の一節である。この歌を歌うと、「風林火山」の旗を掲げて戦国の世をかけぬけた信玄の心意気がそのまま伝わってくる。

この甲斐国に伝わる郷土食が「ほうとう」である。これは山梨県が全国に誇れる郷土食といっていいものだが、信玄が戦《いくさ》のときの兵糧としてつくられたのがほうとうだという。永山久夫氏の『たべもの日本史』（河出書房新社、一九九八年）には次のようにある。

「その信玄が、兵糧として最も重視したのが味噌だった。甲斐は塩の不自由な山国なので、大豆タンパクを熟成させて作る味噌の中に塩をたっぷり入れ、保存させた。結晶塩ではなく、味噌の有機塩といっしょにした塩分は胃を荒らすこともなく、健康にもたいへん良い。」（一三五頁）

この味噌で味つけしたものがほうとうなのだが、したがってこれは粉食兵糧の一種だったという。

「山地の畑で作られた小麦やソバなどを原料とする粉食兵糧も研究された。その一つが郷土料理としていまなお有名な、ほうとうである。生うどんに野菜や鳥などの肉を入れ、味噌で味をつけたもので、とろりとしていて体があたたまり、体力のつく鍋物である。ほうとうは、信玄の勢力が及んだ範囲に広く普及し、いまなお、ほうとう文化圏は当時のままだ。」(一三五頁)

## 思い出のほうとう

私も小さいころ、母がほうとうをつくってくれたので、食べたことがある。松本でつくられたものだから、甲府のものと少し変わっているかもしれない。

私にインプットされているのは、かぼちゃと小豆である。

もともと、ほうとうとは、小麦粉でうどん状の太めの麺を打ち、そこに地元でとれた野菜を入れて煮込んだものだ。うどんよりもきしめんよりもワイルドな味で素朴だ。その麺は、洗わずにそのまま鍋に入れて煮込むのがこつなんだそうだ。自称食通の私にとっては、これはけっこうたまらない魅力だ。

甲斐国はもともと平地が少なく、米作には向いていない。盆地のため、傾斜地が多く、その傾斜を利用してブドウなどの果樹栽培に取り組んできたのである。そんな背景から、手っ取り早くつくれる食事としてほうとうが親しまれてきたのである。だから、もともと実質本位の食べ物で、高級割烹で食べるものではない。

ところが、近年は観光客目当てに甲府の町中にも、いろいろな店ができている。そのなかでも、甲府ではここしかないという「小作」に入って食べてみた。少年時代の舌に残っているのは、やはりかぼちゃ味…。「かぼちゃほうとう」を注文してみた。

まだかぼちゃの時期には早いものの、うまい！　味噌とカボチャの絶妙な味のバランス…。これは来た「甲斐」があったと思わせる。

## 郷土食を環境教育に

総合的な学習で環境というと、どうしても水質汚濁や温暖化、酸性雨などの環境問題に目が向いてしまう。それはかなり環境問題を矮小化してはいないかと思う。環境のとらえ方が狭すぎる。環境のなかに入れて考えるべきなのは、その土地固有の風土のようなものだ。甲斐国には米があまり取れなかったから、ほうとうという食べ物が生まれたのである。

その土地の風土によって支えられているのが農業であり、食はまたその農業によって支えられている。そういう意味で、食は環境教育の一環として成り立つのである。

授業ではまず、地元の方をお呼びしてほうとうの作り方を教えてもらおう。それから、小麦をつくっている畑を見にいこう。子どもたちは、まず小麦畑などろくに見たこともないに違いない。そして、カボチャや大根やにんじんなどの野菜をつくっている畑も見て、農家の人の話も聞こう。その話のなかから、農業というものが地形や水、降水量、風などさまざまな条件によって成り立っていること、それを利用し、工夫を加えながら農業が続けられてきたことに気づかせたい。

そして、いよいよほうとうづくりの始まり、始まり…。ここまでくれば、もうしめたもの！　子どもたちは食べることになると、夢中になってくれる。

できれば、やはりカボチャが取れる秋のほうがいい。昔、子どものころ、お袋がつくってくれたほうとうには、カボチャと小豆の甘さがほのかに溶けていたように記憶する。昔は村には甘いものなんて何もなくて、小豆に砂糖を入れたおしるこ風のものが甘い食べ物だった。同じ理屈で、カボチャもごくごく自然の甘さがあったように思う。

## 山の食べ物

二、三年前、半年にわたって、別な企画でコラムを書くために、毎週のように全国を歩き回った。楽しかった。もちろん最大の楽しみは、地元のおいしいものを食べること。高級である必要は毛頭ない。地元の人が日常的に食べていて、うまいとうならせるものこそ、ほんとうのグルメなのだ。

昔むかしの大昔、海幸彦と山幸彦の話があるように、日本列島は本当に海と山で成り立っている。

「われは海の子」という歌があるが、「われは山の子」という歌があっても不思議はない。かくいう私は当然のことながら「山の子」である。そんな山の子が全国を歩いてみて感じることは、山の食べ物は貧しいなあ、ということ。

ドライブインに入ると、その土地土地の土産物を売っているのだが、やはり食材が少ない。これは決定的だ。漬物や果物はあるが、魚がないのが決定的。これはいかんともしよ

うがない。

現在長野県がわが国で最高の長寿県であることを考えると、貧しい食事が健康を生むとはいえるものの、何かわびしい気持ちもする。山梨県も実は海なし県で、食生活の状況はさして長野県と変わらない。ほうとうは、そんな山のなかの生活から生まれた食べ物である。同じような食べ物に信州の「お焼き」がある。

食文化は、人間のアイデンティティ確立を支えている。大きくなって故郷を離れて、苦しいことがあっても、故郷に帰って、郷土の食べ物を食べ、故郷の味を噛みしめると、乗り越えられることがある。

アイデンティティとは、それを取ってしまうと、自分ではなくなってしまう何かである。山国育ちの人には、やはり山はなくてはならぬ存在だし、海辺育ちの人には海こそが替えがたい存在なのであろう。そんなアイデンティティを確保することが総合的な学習のねらいであるような気がする。

もっともっと地方の文化に自信をもち、子どもたちに伝えていってほしい。

## 2　味な北海道　ジンギスカンへの挑戦！（北海道）

### 「味な北海道」さがし

総合的な学習で、それぞれの地域の味めぐり・味さがしをやったらどうか。単元名は「味な北海道」「味な四国」「味な岐阜県」のようにすればいい。

北海道も講演等でよく行った地域の一つだ。函館も、旭川も、釧路もいいが、やはり情報量では札幌が一番。札幌駅前にある西武デパートのなかに紀伊国屋があるというので、まず本をさがす。そのなかに、「ジンギスカンを食べずして北海道を語るなかれ」という主張している本を発見した。著者の千石涼太郎氏は、「戦後の北海道の歴史は、ジンギスカンの歴史である」と言ってもいいとさえいう御仁である。

「道産子はジンギスカンを食べて大きくなり、ジンギスカンを食べて美しくなり、ジンギスカンを食べて強くなる。ジンギスカンは料理であって料理ではない。内地にはない習慣であり、儀式なのである。」（『もっとおいしい北海道の話』一六一頁）

ここまでいわれると、そんなもんかな、と何か洗脳されてしまう。

北海道の食べ物といえば、まず浮かぶのはラーメン。しかし、ラーメンは北海道の専売特許ではもちろんない。カニやホッケ、それに私好みのホッキ貝などの海産物もあるが、記事に足るかどうかは不安である　そこで、まずは材料をジンギスカンに決定する。

## ジンギスカンを食べる

ホテルに着いたのは夕方の四時ごろ。それからどこかでジンギスカンを食べにいこう。本やホテルの人の情報を集めると、「だるまや」という店がいいということになった。取材につきあってくれた同僚二人とさっそく店をさがす。有名店というからさぞや大きな店だと思ったら、十人も入るといっぱいになってしまうカウンターの店だった。

さっそく三人前を頼むと、昔ながらの火鉢に本物の炭を入れて例の逆鉄板をかぶせる。その上に、無造作にタマネギなどの野菜をババッとかける。それがいかにもプロの手さばきだ。

鉄板の頂上にラムの肉をこれも無造作に置く。これは食べる私たちの仕事。

ジンギスカンの肉には、あらかじめたれにつけておいて焼くのと、焼いてからたれにつけて食べるのと二種類ある。だるまやの食べ方は後者。どちらがいいということはないそうだが、私なぞはたれをつけて食べるほうがいいように思った。

だるまやの肉でいいのは冷凍物ではないということだ。大手のビール園も悪くはないが、一度行ってみたら冷凍物だったので、二度と行ってはいない。

食べてみたら、びっくり！

うまいのだ。羊特有の臭いはほとんど感じない。結局三人で五人前をたいらげた。

## ジンギスカンの歴史

次にジンギスカンの歴史をさぐるために図書館に行く。茜会の編著による『札幌の食いまむかし』によれば、北海道と羊とのかかわりは一八五七（安政四）年にまでさかのぼるとされる。幕府が函館奉行に十頭のめん羊が贈られたのが最初とか。その後、一八七五（明治八）年に大久保利通がイギリスのジョンソンの勧めで三千頭を輸入して本格的な牧畜が始められた。

一九一八（大正七）年には全国五ヵ所に種羊場が設けられ、北海道には滝川と月寒に設けられた。戦前戦後を通じて、わが国は外国羊毛がどっと輸入された一時期を除けば、基本的に羊毛を自国の生産でまかなおうとしていた。思い起こしてみると、私の子どものころは、あちこちで羊を飼っており、その毛を刈り取って売りに出していた。昔の話だが、一九五五（昭和三十）年ころまでは、けっこうそんな光景が見られたものだ。

ところで、ジンギスカンという名称だが、これは満鉄の調査部長で、後に満州国国務長官になった駒井徳三氏の命名だといわれている。娘さんの証言だからたしかだろう。時代は大正時代。満州にわたった日本人が現地で蒙古人の食べ方を学び、日本で広めたというわけである。それは北海道で広めたというわけではなく、東京であったとのこと。だから、もともと北海道の味ではなかったのだが、北海道の気候や風土に合っていて、戦後になって一気に広がったのである。

北海道というところは、いろんな点でアメリカに似ている。何度行っても私はアメリカを思い出してしまうのだ。何といっても、食べ物も大きくて、大ざっぱだ。函館に行ってラーメンのなかに大きなカニが一匹そのまま入っているのを見て、これぞ北海道！　といたく感動した。ジンギスカンも大ざっぱなのがいい。しかも、簡単だ。

ジンギスカンを民間人で初めて店で出したのは一九三六（昭和十一）年、狸小路の「横綱」というおでんと焼き鳥の店で出したのが始まりだという。

月寒草原の野宴料理ジンギスカン鍋は戦前から知られてはいたが一九五四（昭和二十九）年ごろには〝月寒名物〟として世に広く知られるようになったという。

それをさらに広げたのが「松尾ジンギスカン」と「サッポロビール園」であった。松尾ジンギスカンの元祖、松尾政治さんは一九五六（昭和三十一）年、滝川市でジンギスカン鍋を始め、一九六六（昭和四十一）年ごろにはサッポロに進出して、営業を拡大して今日に至っている。

## 「味な○○○」を！

自分の住んでいる都道府県ごとに、「味な○○○」を調べてみたらどうだろう。子どもたちにうけること間違いなし。

ジンギスカンだけでなく、カニの研究やサケの研究、ラーメンの研究などを含めたらとても楽しい学習ができる。

# 3　カツオのたたきでわかる日本人の趣向（高知県）

## 土佐といえばカツオだろっ！

土佐といえば、カツオだろう。私からみればカツオしかないといってもいい。仕事の関係で高知県にはよく行く。でも、まだ浜辺で焼いたカツオのたたきを食べたことがない。一度それを味わってみたい。いや、それを体験してみたい。そう思って、夏休みも終わりになる八月の末に高知に飛んだ。講演が名目なのだが、私の心は浜辺のカツオに集中していた。

桂浜の隣りの長浜というところの小学校の校長先生が配慮してくださり、ついに念願のカツオのたたきを体験することになった。まず取れたばかりのカツオを三枚にさばく。PTAの会長さんと地元の漁師さんの手さばきに注目…さすがである。

浜辺は台風の影響でものすごい波が押し寄せている。浜の一角にブロックで簡単なかまどがつくってあった。そこに私が集めてきた松の葉を放り込んで、火をつける。ボーっと炎が燃え上がり、その上に特性の道具を置き、そこにさきほどさばいたカツオを乗せて焼く。豪快である。これが見たかったのである。

カツオの周囲が黒く焼けてくる。その間ほんの三分程度である。焼けたカツオを用意した氷水のなかにジュ！っと突っ込んで冷やす。これで出来上がり。工程は私自身が家でやっているのと違わないが、何といってもカツオの新鮮さと焼き方が違う！

近くの公民館に宴席が設けられ、カツオのたたきを筆頭に、最近「ドロメ」より人気が高いという「ノレソレ」、刺し身の最高峰と地元の人がいう「宗田ガツオ」などが並んだ。そこに私の仲間たちが集まってきた。これまで体験できなかった素晴らしい一時であった。暑い夏の疲れも一気に吹っ飛んでしまった。

## カツオのたたきとの出会い

カツオのたたきとの出会いは、もう三十年も前になる。私の大学の恩師が「長坂端午」先生といって、戦後「社会科」を創った方であった。「端午」といわれるとおり、五月五日の端午の節句に生まれたということで、弟子たちがその日、お宅にお邪魔することが多かった。

あるとき、先輩に当たる方が、カツオを一本さげてきて、「先生、今日はこれでたたきをつくりましょう」ということになった。

まだ下っ端だった私はそのたたきを食べただけだったが、その味が忘れられずに、それ以降、自宅でもたたきをつくることになった。

スーパーで売っているカツオを買ってきて、ガスで焼くのだが、当然のことながら味がいまいち。そこで、現地の浜辺で焼いたものをどうしても食べたい！　ということで、こんなイベントになってしまったのだ。

目に青葉　山ほととぎす　初がつお

という句があるように、カツオの旬はちょうど端午の節句のころだとされる。五月ごろには土佐沖から和歌山沖まで、初夏になると北海道南方水域まで北上し、秋になると南に戻っていく習性がある。

通によれば、春よりも秋になって十一月ごろ南下する「戻りガツオ」がいちばん脂がのってうまいとされる。

カツオはよく知られるように、一本釣りである。荒海に乗り出し、男たちが一本ずつ釣り上げる。今度はそんな光景を是非見てみたいものだ。

## カツオ（節）で総合を

魚については社会科で、小学校の第五学年の漁業の単元で扱うが、それはあくまでも産業学習のそれであって、魚そのものを学習するわけではない。カツオといえば土佐が有名だが、カツオの学習は土佐に終わるわけではない。

カツオ節というものが日本にはある。天然の調味料としては、昆布とカツオ節はダシづくりには欠かせないものである。この二つを除いて日本料理は語れない。

昆布の産地は昔から北海道と決まっている。ところが、現在日本で昆布の消費量が一番多いのは沖縄県ときている。これには長い歴史がある。沖縄がまだ琉球王国だった江戸時代から、昆布は沖縄の交易品として重要な役割を果たしていた。主に、中国への輸出品として大切な商品であった。実は、江戸時代には、北海道から沖縄を結ぶ昆布のルートができ上がっていたのである。

カツオ節という加工が始まったのは一六四一（寛永十八）年というから、昆布よりも早いかもしれない。土佐国安芸郡津呂浦の山田長三郎と紀州出身の甚太郎が協力してカツオ節の製法を考え出したといわれている。その後、紀州生まれの角屋与三郎という人が、土佐に来てカツオ節をつくって広めた。土佐一円に広がったカツオ節は「土佐節」と呼ばれて、全国にその名が知られるようになった。
カツオを取り上げた総合的学習の展開を次に示そう。

【第一ステージ】カツオのたたきを食べよう
まず魚屋さんかスーパーに行ってカツオを買ってこよう。できれば丸ごと一匹買いたいが、入手が困難か。
一本入手できたら、さばいて四本のカツオの身をつくる。一匹で四本できる。子どもたちが三十名以上いても、一口ずつなら十分間に合う量だ。焼き方は先程紹介したとおり。ネギやニンニクやショウガなど、好みに合わせてふりかけ、その上に醤油をかける。

【第二ステージ】カツオとカツオ節を調べてみよう
カツオの生態や一本釣りの様子、さらにカツオ節の作り方やその歴史を調べてみる。これはグループごとにやってみるといい。調べた中身をポスターセッションなどで発表しあうと楽しい。

【第三ステージ】食卓のカツオをさがしてみよう
最後に、日常的な生活のなかでカツオをさがしてみよう。まずは家にある調味料等でカツオを使っているものを集めてみよう。いろいろなダシの素として使われている。次にスーパーに出かけていって、カツオをさがしてみよう。どれだけさがせるかが勝負だ。最後は

「カツオ新聞」でもつくってみたらどうだろう。

## 食材を学習材に！

土佐はカツオだといったが、全国どこにでもこだわりの食材がある。人間が生きているかぎり、そこには食材がある。そして、食材があるかぎり、それを子どもたちが学ぶことは可能である。

食材はそれ自体総合的な性格を有している。食べるというポイントから導入することによって、子どもたちは「生きる空間」を認識することになる。「食べる」ということは、すなわち「生きる」ということだから。

食材を学習材に転化すること…これこそわれわれの腕の見せどころだ！

# 4 ふるさとの味 お焼き（長野県）

## 食べることは危険？

食べるという行為には二つの相反する面がある。一方でエネルギーを補給し、体力を増進するという機能がある反面、他方では身体を損ない、身の危険を伴うことさえある。

二〇〇〇（平成十二）年の暮れ、二十名余りの学生を引率して韓国へ海外研修に出かけた。この研修旅行はもう六年目になるので、すっかり安心していた。まあ、韓国ならなんとかなる……これが浅はかであった。ソウル市郊外のあるレストランで食べたカキが悪かったらしく、二十三名中、十九名までがアタッてしまった。幸い、そう激しいものではなく、医者によればたぶん、カキを洗った水なんではないかな、ということだった。しかし、そうはいってもやはり食は怖いと思い知らされた。

こういうことを経験すると、食べるということは大変なことだなと思ってしまう。人間と人間の信頼関係がないと、食べるということはきわめて危険なことなのだ。

何年か前の毒入りカレー事件を引き合いに出すまでもなく、そのことはいわれてみればそのとおり。つまり、食べるということは外から異物を受け入れることなのである。

## 手づくりの味…お焼き

その点で今考えてみることが必要なのは、手づくりの料理である。ある意味で手づくりというのは危険である。無菌状態で物をつくるわけではない。工場でつくるわけではないから、どこで異物が混入するかもわからない。実は危険だらけなのである。

ところがその危険をおかしてまで手づくりにこだわるというのは、味以前の問題として、人間への信頼感の問題だからである。つくる人への信頼がなければ、物は食べられない。

最近、家庭で家族が食事を共にすることが少なくなっているといわれる。たしかにそうかもしれない。夫だけでなく妻も仕事をもつようになっているし、その割には夫の意識変革がなされていないので、どうしても手づくりの食事をつくるということが減ってくる。

家族がつくる食事が最高である。信頼感があるから安心して食べられる。その手づくりの食事の代表格が信州の「お焼き」である。お袋の味ってやつだ。信州で育った私にとってはたまらなく懐かしい味だ。

まずお焼きなるものを紹介してみよう。「お焼き」というのだから、その語源は「焼く」

ところに発していると考えていい。

お焼きはまず小麦粉をこねて円い生地をつくり、そこにさまざまな野菜を入れて丸め、それを「ほうろく」で焼いたり、蒸したりして食べる。いわばあんが野菜でできたまんじゅうのようなものである。今では、信州の駅で売っていたりするが、もともとは各家庭でお袋やおばあちゃんがそれぞれの味でつくっていた素朴な食べ物だ。

## 山人の知恵

私のかすかな記憶をたどってみると、どうやらこのお焼きなるものは長野市の西方の山のなかが本場だということらしい。私は松本市育ちなのだが、長野と松本の中間あたりの山のなかだという記憶がある。市川健夫氏の『日本の食風土記』（白水社、一九九八年）には、次のように書いてある。

「かつて信州における焼餅（お焼きのこと、引用者注）は、長野市の西部に存在する中山間地帯であった。この地方では『西山《にしやま》』といわれているが、正式には筑摩《ちくま》山地（犀川丘陵）と呼ばれている第三紀層の急峻な中山性山地である。ここでは三〇度をこす急傾斜地まで耕地が開かれている。しかし水資源に恵まれていないことから、耕地の多くが畑で、ここでは古くから大小麦や豆類が主要作物であった。そこで大麦が大量に入った麦飯と、小麦でつくった焼餅と饂飩《うどん》が主食であった。
焼餅は、小麦粉を練って厚い皮をつくり、その中に野菜の味噌和《あ》えや小豆餡《あずきあん》を入れて囲《い》炉裏《ろり》の灰で焼いたものである。丸めた焼餅を囲炉裏の片隅に置かれた『渡し』の上に置いてまず乾かしてから、灰の中に埋めて焼く。燃料にはコナラやクヌギなどの落葉が最高である。ところが、落葉はただちに燃えつきるので、つきっきりで燃料を補給しなければならない。
焼きあがった餅は灰の中から取り出して炉縁で叩き、さらに布でふくときれいにとれる。これを口で吹きながら、熱いうちに食べるのが一番うまい。」（六一頁）
これを読むと、私の記憶が間違いではなかったことがわかる。しかし、松本地方では、お焼きのことを焼餅とはいっていない。同じ信州でも地域差はあるのだろう。

## あんは野沢菜が最高

そして、お焼きにも季節があって、冬場というよりも春から夏・秋にいたる時期につくられていた。あんは何でもいいのだが、なぜか私は野沢菜がいちばん好きだった。駅で売っているお焼きなど比較にならないうまさだった。

野沢菜は冬に入って霜の下りるころ川で洗って（これが冷たい！）、大きな桶にどっしり漬ける。基本的には塩を「お菜《な》」の間にすりこむようにして漬ける。家庭によって味が異なり、信州人は互いに家に上がりこんでその年の野沢菜の出来を品評しながらお茶を飲むのが好きなのだ、本当に。

水が上がってきてからようやく野沢菜は食べられるようになるのだが、いちばんおいしいのは一月から二月にかけての厳寒の時期である。凍りついた野沢菜を食べ、お茶を飲むというのが最高のぜいたくであった。

ところが、野沢菜は春先になると、もう味が落ちてしまう。四月ごろになると、もうそのままでは食べられない。そこで、人々はその野沢菜を油でいためて、保存食をつくるのである。お焼きに入れる野沢菜はこの保存食を使うのである。これは最高の味だ！

それ以外にもお焼きのあんは多様である。私の好みでいえばナスのあん。夏になると信州でもナスがあちこちで取れる。どこでも取れるものだが旬のナスは格別。これを味噌でいためたものがまたうまい！　そのほかカボチャであったり、切り干し大根だったり、おからであったり、要するに台所に余っているものを何を入れてもかまわない。このように郷土に深く根差した食べ物をぜひぜひ地域教材として総合の時間で扱っていただきたい。

# 5　宍道湖七珍　シジミとのつきあい（島根県）

## 夕日に映える街

松江は何年振りだろう。相変わらずしっとり落ち着いた街のたたずまいだ。松江といえば、宍道湖…。神話と伝説の国にふさわしいあの夕日だ！

松江をこよなく愛した小泉八雲は次のように書いている。

「霞がかった紫が、上の方へ弱い朱色と鈍い金色になって、次第に煙の如く薄らぐ。それがまた幽かな緑色の層を経てから、終には青色に没する。湖の沖の方の水が、深い所は柔かな、何とも云へないすみれ色を帯びる。すると、松に蔽はれた小島の影法師が、そのうるわしい色した水面に、浮いたやうに見える。」（『知られぬ日本の面影』、引用は『小泉八雲全集』第三巻、二一五頁）

宍道湖の夕日はなぜ美しいのだろう。あの西の向こうに文明を運んできた世界があるからだろうか。神話の世界の夕日だからであろうか。今から十年以上も前に、この世界を溶かしそうな夕日に浸ったことを思い出した。

全国各地で総合的な学習が展開されているが、基本の一つは地元の素材を活用した授業をつくることである。だったら、島根県では全国的に知られた宍道湖を扱えばいい。

## 宍道湖七珍《しっちん》

宍道湖はいわゆる汽水湖だ。淡水と海水が混じりあっているために豊かな漁獲量を誇ってきた。『新版　宍道湖物語』（藤原書店、一九九七年）によると、宍道湖の漁獲量は二位の霞ヶ浦や三位の琵琶湖を大きく離してトップの座を占めているという。

全国的に知られているが、「宍道湖七珍」という言葉がある。宍道湖で採れる七つの珍味という意味だ。

アマサギ（ワカサギの地方名）・シラウオ・スズキ・モロゲエビ（気水性ヨシエビの地方名）・ウナギ・コイ・ヤマトシジミの七つである。このうち、人気があるのはやはりシジミとシラウオであるという。ワカサギやスズキやウナギ、コイは宍道湖でなくても食べることができる。やっぱり宍道湖といえばシジミ・シラウオ・モロゲエビである。この三種は汽水性特有のものだという。

シラウオといえば、透き通るような美しさで私たちを魅了してやまない。ほんとにうまい！（というよりも、〝おいしい〟といった言葉がふさわしいような気品がある魚である。）

体長五〜一〇センチで漁獲最盛期は二月から四月まで。刺し身で食べるならショウガ醤油か酢みそ、家庭では卵とじにして食べることが多いそうだ。

ところが、近年このシラウオが不漁であるという。二〇〇一（平成十三）年一月二十日付け山陰中央新報はこう伝えている。

「宍道湖の冬を代表する味覚のシラウオ漁が、今シーズンは不漁に陥っている。過去最高の漁獲量があった一昨年と豊漁の昨年から一転して、水揚げが少なく市場に出回らない。ワカサギは受精卵のふ化放流の結果がまったく表れず、一九九四（平成六）年から漁獲ゼロに近い壊滅状態で『幻の魚』になっている。いずれも原因は不明。漁業者は環境悪化に危機感を募らせている。」

どうやら、宍道湖の漁業も安定してはいないようだ。しかし、この事実は食べ物で十分環境学習が可能だという証明でもある。

## シジミ漁を見る！

島根女子短大の乃木章子先生にシジミ漁のプロといわれる原俊雄氏を紹介していただい

た。乃木先生は「背が高くてかっこいい人ですよ」と紹介してくれたので、俳優にでも会うような浮き浮きした気持ちで指定された喫茶店に行った。

名刺には「宍道湖漁業協同組合　理事」と記されている。かっこよく、優しく親切な方であった。こんな話をしてくださった。

日本で採れるシジミにはヤマトシジミとマシジミ、セタシジミがあるが、マシジミは川で採れるもので、漁業の対象にはならない。セタシジミも同じである。

あの、われわれが味噌汁で食べるシジミはヤマトシジミで宍道湖はその最大の漁場である。全国の市場に出回っているヤマトシジミの六〇％が宍道湖産のものだという時期もあったが、今は外国からの輸入もあって五〇％程度にとどまっている。

しばらくしたら、原さんが「現場へ行ってみましょう」と言ってくれた。願ってもない話だ。

出雲空港のすぐ隣りに原さんの仕事場があった。一トン程度のシジミ舟に乗せてもらった。山国育ちの私はとにかく舟に乗るだけでわくわくする。天気は良好。早速宍道湖に乗り出すことに。

飛行場の滑走路にほど近い所に舟を停めた。飛行機が降りてくると手が届きそうな位置だ。ほんとのシジミ漁が見られるという期待で胸がふくらむ。

数メートルもある鋤簾《じょれん》を海に入れて、湖底を円く描くようにかき混ぜる。すると鋤簾の篭のなかにシジミが入ってくる。

一〇分くらいかき混ぜるだけで、一キロくらいのシジミが入ってくる。

鋤簾に入ってきたシジミを舟の上に置いてある篩《ふる》いに似た網にかけて同じ大きさのシジミだけを集める。

原さんの網の目は直径十四ミリなんだそうだ。十四ミリというのは最も大きいサイズで、人によって大きさは異なっているとのこと。なるほどなと感心する。

そして、資源保護のため十一ミリ以下の網は使ってはいけないという。よく考えてあるものだ。

## シジミとのつきあい

大正時代に松江で一夏を過ごした志賀直哉は、次のように書いている。

「人と人と人との交渉で疲れ切った都会の生活から来ると、大変心が安まった。虫と鳥と魚と水と草と空と、それから最後に人間との交渉ある暮しだった。」（「濠端《ほりばた》の住まい」、引用は志賀直哉『小僧の神様・城の崎にて』新潮文庫より、一八六頁）

さすがは志賀直哉である。虫こそ体験できなかったが、鳥も魚も水も草も空も十分味わうことができた。そして何より「人間との交渉ある」二日間だった。島根県栄養士会の皆さんと会えたこと、そして原俊雄さんとお会いできたこと、これは何よりの宝であった。

私は「交渉」という言葉が好きだ。昔、地名の研究を始めたころ、「地名は人間と大地の交渉の軌跡である」といった言葉に痛く感動し、それ以来、人間と水との交渉、人間と田んぼとの交渉などという表現を好んで使ってきた。

「交渉」という言葉を「つきあい」といいかえてもいい。生活科ができたとき、まず浮かんだのは「つきあい科」という言葉だった。「つきあい」という言葉のなかには、単にお互いを理解しあうということだけではなく、互いに支えあうとか、認めあうという意味もこめられている。今風にいえば「共生」である。

総合的な学習ではさまざまな試みがされてはいるが、もう少し足下を見た実践をする必要があるように思う。人間はいったい自然とどうつきあってきたのか、どのような格闘の結果、今があるのか。人間は何を求めて生きてきたのか。そんなことが宍道湖から、そこで採れるシジミから見えてくる。

たった直径十四ミリの世界である。でもそこから宍道湖をめぐる環境問題が浮上する。夕日の向こうには神話の世界が広がっている。そして、多くの作家がこよなく愛した文学の世界もある。

これだけ豊かな世界を総合的な学習で取り上げない理由はない。これは何も松江や宍道湖の場合だけではない。まずあなたの住んでいる地域に目を向け、耳を傾けてみよう。きっとあなたの心に響くものが返ってくるはずだ。

## シジミから真珠！

こんなこともあるという最新情報を一つ。最近の読売新聞（二〇〇二（平成十四）年四月十八日付け、朝刊）に次のような記事が載っていた。

「東京都板橋区本町の美容室経営・前東道雄さん（45）方で、夕飯のみそ汁の具にしたシジミから小さな真珠が見つかり、家族を喜ばせている。

十六日夜、シジミのみそ汁を飲んでいた小学五年杏依《あい》ちゃん（10）が口の中に石粒のようなものを感じ、手に出した。よく観察すると、直径三ミリほどの真っ白な真珠とわかった。前東さんは飲食店も経営しており、シジミはその朝、店で出す料理用に築地市場で仕入れた島根・宍道湖産だった。

三重県鳥羽市の真珠博物館によると、どんな貝でも真珠を作ることができるが、シジミは珍しいという。前東さんは『まさかシジミから真珠が出るなんて。暗いニュースが多い中で、明るい気分になりました』と声をはずませていた。手元に置いて大切にするという。」

こんな情報でも授業の一部に活用することができる。シジミの世界も深い！

# 6　讃岐うどんのうまさに乾杯！（香川県）

## 讃岐路を走る

讃岐路をある小学校の校長・教頭先生の案内で走った。何しろ楽しい先生方であった。校長先生が女性、教頭先生が二人いて女性と男性というわけで、四人で冬の讃岐路を走った。

前日は豊浜町立豊浜小学校の公開研究会だった。研究会当日はこんなに寒い研究会って出たことないぞ、いうような寒さ。雨も降った。

ところが翌日はからりと晴れ上がった。講演のなかで浦島太郎の話を口走ったら、香川県の詫間町の「箱」というところが浦島太郎伝説の本場だという。ならば行ってみようということになったというわけである。「箱」というところは、浦島太郎が箱を開けたところで、箱から立ち上がった紫の煙が上ったのが「紫雲出山《しうんで》」だという。ホンマかいな？と思うのだが、それが伝承の面白さ…。

その日のもう一つの目的は高松市のある「鬼無《きなし》」に行くことであった。そこは今度は桃太郎伝説が残っているところで、桃太郎が鬼退治したので「鬼無」になったのだとか。対岸の岡山県が桃太郎伝説の本拠地だといえば、香川県も鬼無で対抗している。

食べ物以外にも私の総合的な学習の研究は、全国に散らばる地名にも及んでいるが、ここは食べ物に話をもどそう。

## 生じょうゆで食う

お昼はどこかでおいしいうどんを食べさせてください、といわなくても向こうがわかっている。瀬戸大橋のたもとに当たる多度津町の「おか泉」という店に入った。すでに店の前にお客が十名以上も並んでいるではないか。それでも回転が速く、十分後には席につくことができた。

店の一角でうどん打ちの実演をやっている。ちょうどうどんを切っているのだが、それは包丁を手にして切るのではなく、庖丁状の物を上から切り下ろす機械で切っているのだ(情景をわかってもらえるかな?)。

アレレ、これはどうしたのだ。そば通の私としてはこれは少し違うんではないかいといいたい。そばの場合はどんな場合でも手で切るものなのだ。やはり切るのも手でやらないと…。そう思いつつもオーダーした。そばやうどんには食べる時のマナーや原則というものがある。

私はそば屋に行ったら、「もりそば」とか「せいろそば」以外のものは食べない。つまり、そばとつゆと薬味以外の物は入れないのだ。人によっては海苔をかけたり、こともあろうに天ぷらなどを入れたりする人がいるがもってのほかである。天ぷらなど入れたら、油でそばの味が消えてしまうのだ。

そうなると、うどんにはうどんのうまさを引き立てる食べ方があるはずだ。それをすでに前日に聞き出していた。それは生じょうゆをかけるだけの食べ方である。

早速メニューを見る。あった！　「生じょうゆ（冷、大）五〇〇円也」を頼むことに。大きなどんぶりのなかにゆで立ての麺がたっぷり入っている。そのつやが素晴らしい。それに大根おろしをのせた小皿と、ネギとショウガをのせた小皿がついてきた。

これだ、これだ、これだ！　と思って、ふんわりゆであがったうどんの上に薬味をかけて生じょうゆをかけて一口食べてみる。

うまい！

しばし声が出ない…。たぶん、まともな讃岐うどんを食べたのはこれが最初になるのだが、いやそのとおりである。いままで口にしてきた讃岐うどんはニセモノであったのか！

その後、東京の居酒屋でも食してみるものの、まだ「おか泉」に匹敵する味にはお目にかかっていない。

## ウドン狂い

この経験を客観的に証明する本を見た。石毛直道氏の『食文化　新鮮市場』（毎日新聞社、一九九二年）によれば、ウドン狂いの人のなかには、高松などのウドンをもって讃岐うどんを批評されるのは心外の至りであるという人々がいるという。その説によれば、「讃岐のなかでも、ウドンのよいのは高松をふくむ東讃ではなくて、西讃であり、讃岐ウドンは東低西高の現象をしめしている。讃岐の西側でも、いちばんよいウドンをつくるのは、かれ（著者の同僚、引用者注）の故郷である観音寺《かんおんじ》である。観音寺のウドンを食べずして、讃岐ウドンを語るのは僭越至極であろうぞよ、とのご託宣。」（七三頁）とのことである。

石毛氏は観音寺出身のK氏と観音寺まで行ったそうだが、観音寺では喫茶店でもうどんを出されてびっくりしたと書いている。「なにしろ、喫茶店というものができる以前は、ウドン屋がデートの場所であった土地柄である」とも書いている。世の中にはすごいところがあるものである。こういう人々がいる以上、日本も捨てたものではない。
さらに、観音寺の人々の食べ方を読んで、私の食べ方が誤りでないことを知った。こう書いてある。
「釜からあげたばかりのウドンの味を生かして食べるのは、モリソバのように猪口にだしじゃこ（煮干し）からとった、あついつゆをいれてショウガとワケギの薬味ですするか、どんぶりにいれたウドンに生醤油と柑橘類をしぼったものをかけて食べるにかぎるという。生醤油の味が好きな者はスダチやダイダイをウドン屋に持参する。」（七四〜七五頁）
私のオーダーに間違いはなかった！

## 弘法大師とうどん

讃岐には信号の数ほどうどん屋があると聞いていたが、ほんとにそれが嘘でないくらいうどん屋の看板が連なっている。それぞれに味が違うんだろうなあと思いつつうどん街道を走った。

香川県にはうどん屋が三〇〇〇軒もあるといわれてきたが、真面目に調べた人の話では、七〇〇軒位というのが真相のようだ。まあ、それにしても大変な数である。

讃岐のうどんは空海（弘法大師、七七四〜八三五）によって唐からもたらされたという説がある。空海は讃岐の生まれ。八〇四（延暦二十三）年に唐に渡り、長安で学んだ後、八〇六（大同元）年に帰朝し、八一六年（弘仁七）には高野山に金剛峰寺を建立。その後真言宗の始祖として崇められた。実際には空海以前にうどんは唐から伝えられていたという説もあって、本当のところはわからない。

讃岐うどんに関する最も古い資料は「金毘羅祭礼図」と呼ばれる絵屏風に描かれたうどん屋であるという。そこには金刀比羅宮の門前町でうどんを打って売っている店が描かれている。元禄時代というから、今からおよそ三〇〇年前のことになる。

## うどんは西・そばは東？

どちらかというと東国育ちの私は、もちろんそば好きだが、それはうどんのうまさを知らずにきたというのが、最大の理由だろう。もう二十年近くも前になるが、大阪に行って何気なく入ったうどん屋がうまくて、その後二軒もうどんのはしごをしたことがある。

「エッ！　うどんってこんなにうまいもんなの？」とびっくりしたことがある。東京に戻るとうまいうどんがない（あったら教えてください）のでまたまたそばに戻ってしまう。

うどんが西とするならば、そばは東だろうか。私の故郷の松本は東西の食文化の分岐点のようなところだ。松本市の南に塩尻市があるが、その駅のそば・うどん屋ではっきりしているることは、東京方面に行く人は圧倒的にそばを食べ、名古屋方面に行く人はうどんを食べるのだそうだ。たしかにそのような傾向はある。名古屋に行ったら、やっぱりきしめんだ。

ところが、東国でもうどんの有名なところがある。秋田県の稲庭うどんだ。ここはわが友人のマンガ家の矢口高雄氏の生まれ故郷である増田町のすぐ隣りである。またこの本のイラストを描いていただいた倉田よしみ氏も秋田県の生まれである。

先日、修士論文で何を書いたらいいかわからないといって学生が相談にきた。聞いてみると、鬼無のすぐ隣りの国分寺町だという。もともと民俗学をやってきた学生で卒論では讃岐の雑煮をやったんだそうだ。私は讃岐うどんを勧めた。

讃岐うどんは香川県だけのものではない。全国バージョンでいくらでも展開できる。だったら、少なくとも香川県では総合の学習で取り上げてほしいものだ。

# 7　山海の珍味のハーモニー　会津の〝こづゆ〟（福島県）

## これが〝こづゆ〟か…！

一カ月くらい夢にまで見た（？）こづゆが目の前にある。店のおかみさんに少し説明を受けたあと、一口食べてみる。

「うまい！」という言葉を三乗したくらいの衝撃がのどを走る！

つゆの味といい、具の味といい、これほどうまいものはほんとに久し振りだ！　読者にこの味をお届けできないのが、本当に残念！

「福島県の郷土料理の代表的なものといえば、なんですか？」

こんな質問をしたのは八月の半ば過ぎの文部科学省主催のシンポジウムのときだった。

「そうですね。福島県といえば、やはり〝こづゆ〟でしょうね」と、福島県から来ていた栄養士さんたちが教えてくれた。何でも、正月やお祝い事があるときに食べるんだそうだ。

思い切って、会津若松まで行ってしまう。

東京で朝一つ仕事を片づけて、その足で郡山まで新幹線、さらにそこから会津若松まで一時間あまり。

いろいろ調べたのだが、こづゆを食べるんだったら、「渋川問屋」という店がいいと聞いていた。そこで食べたときの感想が冒頭で述べたことなのだ。

注文した料理のメニューは以下のとおり。

食前酒・にしんの山椒漬・にしんの昆布巻・棒たら煮・紅鮭の押し寿司・こづゆ・にしんの天ぷら・会津塩川牛・季節の混ぜごはん・そば粒がゆ・水菓子。

これだけ食べて、けっこうリーズナブルな値段でびっくり。しかも店のつくりが大正時代の雰囲気をそのまま伝えていて、食事の場所としては最高のぜいたくだ。

もともと、渋川問屋は、明治初年に創業した海産物問屋「渋川商店」の店舗や倉をそっ

くり利用した郷土料理と宿泊施設なのである。

## 〝こづゆ〟って何？

こづゆというのは、会津地方に伝えられる郷土料理で、冠婚葬祭や正月、お祝い事などのときに必ず食べるもので、里芋、にんじん、糸こんにゃく、きくらげ、貝柱などを具にしたうす味の膳料理である。

昔は武家料理から一般の庶民に広がったものともいわれ、地域によって具は若干違ってくるらしい。ところが、具の数はなぜか奇数ということになっているらしい。奇数にするには何か理由があるに違いないのだが、地元の人もよくは知らない。そして面白いことに、このこづゆに限っては、何杯でもお代わりしていいとされているとのこと。「どうしてですか？」と聞くと、こんな答えが返ってきた。

昔は、冠婚葬祭のときの膳料理はほとんど手をつけず、家への手土産にしていたという。たしかに少し前までは、私の田舎（信州）でも結婚式の鯛料理などは、手をつけずに持ち帰る風習があった。

そこで、客は膳の料理には手をつけず、このこづゆを肴《さかな》にして酒を酌み交わす習慣があったのだという。そんなところからこづゆのことを「煮肴」「重のつゆ」「かえつゆ」とも呼んできたのだという。

こづゆは、手塩皿と呼ばれる浅めの朱塗り椀に汁ごと盛られて出される。渋川問屋でいただいたこづゆは、貝柱のだしで里芋、にんじん、まめ麸《ふ》、糸こんにゃく、しめじ、きくらげ、三つ葉の七品でつくられていた。

何杯もお代わりしていいとされていることから、うす味になっている。私は一度だけお代わりした。

## つくってみたい！〝こづゆ〟

会津地方では、あちこちで、このこづゆは学校給食でもつくられている。例えば、会津若松市の東山小学校では、年一回の学校給食週間で、同じく会津地方の郷土料理である「まんじゅうの天ぷら」「にしんの天ぷら」「にしんの空揚げ」などと並んで、こづゆを出しているという。また、小学校のハレの機会、例えば卒業祝いなどに合わせてこづゆをつくることもあるという。

また、金山町では、三ヵ月に一回の割合でこづゆを出していると聞いた。それは、

①学校が要望して、教職員が受け継いでいる。
②地域づくりのサポート事業として行っている。
③埼玉県の友好都市との交換場面で出している。
④飽食の時代に昔の食事のよさを見直す。
などの意図で行っているという。

福島県のある給食センターでかつてつくった献立を紹介しよう。（一人前、数字はg）

〈上段が小学校、下段は中学校〉

| | | |
|---|---|---|
| 里芋 | 20 | 25 |
| 豚もも千切り | 15 | 20 |
| ホタテ貝柱（乾） | 3 | 3.5 |
| 干しいたけ | 0.5 | 0.6 |
| きくらげ | 1 | 1.2 |
| しらたき | 15 | 18 |
| 豆麸 | 1.5 | 1.8 |
| 小松菜 | 10 | 12 |
| にんじん | 15 | 20 |

| | | |
|---|---|---|
| ぎんなん（水煮） | 3 | 4 |
| 長ねぎ | 4 | 6 |
| 醤油 | 3 | 4 |
| みりん | 1 | 1.2 |
| 塩 | 0.3 | 0.4 |
| 酒 | 0.8 | 1 |

　こづゆのつくり方は、インターネットでも多く紹介されている。その代表例をどうぞ。

1. 干し貝柱を、だし汁の中に入れてもどし、身をほぐしておく。
2. 干し椎茸を水にもどし、千切りにする。
3. にんじんをいちょう切りにする。
4. 糸こんにゃくを四ｃｍくらいに切り、ゆでる。
5. 里芋を輪切りにして塩ゆでにする。
6. ぎんなんをいり、皮をむく。
7. 鍋に1～6の材料を入れ、火にかけて煮込み、途中で味を整える。（吸物くらいの味加減にする）
8. 最後に水にもどしておいた豆麩を加え、煮だったら椀に盛って出来上がり。

普通のレシピなら、私とてただ見るだけだが、こづゆに関しては「一度、ぜったいつくってやる！」と思わせるものがある。それだけ、あの渋川問屋のこづゆがおいしかった。あんな会津の山のなかに、こんなにおいしい料理があったとは！　しかも、山海の珍味が見事にハーモニーを奏でている〝こづゆ〟。

他県から行った私のような人間が感動しているのだから、地元の子どもたちにぜひぜひ会津の味の素晴らしさを伝えていってほしい。

味の素晴らしさは人の素晴らしさである。そんなことを痛感した取材旅行であった。

# 8　千葉はイワシの発信基地！（千葉県）

## 東西を結んだイワシ

千葉県というところは文化的に面白い県である。筑波大学に移る以前は千葉大学教育学部に勤務していた。教え子たちの多くは小・中学校の教師になっていった。

山国の信州で生まれ育った私にとって、千葉県の風土はいかにもなじめないものであった。信州ではどちらを向いても山である。だから、山がないと落ち着かないのである。

そんな山の子が発見したのは、海の幸であった。千葉県に住んでみて「うまいなあ」と感じたものといえば、落花生があるが、それ以外にもアサリやハマグリがある。

今は単身赴任という身分なので、千葉市にある自宅に帰るのはせいぜい月に二、三回といったところだが、その千葉市に今はまっている回転寿司屋さんがある。「さすが千葉！」である。いつ行っても長蛇の列。いうまでもなく、文句なく安くてうまい！

東京しか知らない人はまず寿司を見て腰を抜かすに違いない。新鮮でネタが超特大である。これ以上食えないとギブアップしても、値段は「ウソーッ？」と思うほど安い。

それはそれとして、イワシがいつごろから千葉県の名産となったのだろう。たかがイワシなのだが、この小魚にもそれなりの歴史がある。房総半島でイワシ漁が盛んになったのは、戦国時代から江戸時代にかけてのことだといわれている。当時はイワシは食べるものというよりは、「干鰯」として田畑の肥料としての価値が高かった。農業面でも先進地域であった関西（紀伊や和泉など）の漁師たちは、全国各地にイワシ漁に出かけていった。

最近の日本史研究のなかで「海から見た日本史」が注目を集めているが、当時は陸路よりも海路のほうが無難であり、物資を運ぶにも便利であった。

私が長く研究してきた柳田国男が晩年『海上の道』で示したように、黒潮を伝って南島の文化が伝播してきたことは間違いない。房総半島の南半分は「安房」と呼ばれていたが、これは四国の「阿波」に由来するとされている。また、紀伊半島にある「白浜」は房総半島の「白浜」に関連しているともいわれる。

ところで、その関西の漁師たちがイワシの産地として目を着けたのが房総半島であった。彼らは春がくると房総半島にやってきて、仮の住まいを作って住み込み、イワシを獲って加工して干鰯をつくり、秋になるとその干鰯を積んで関西に戻り、肥料として高く売ったという。

たかがイワシなのだが、そのイワシが関西と関東を結んでいたのである。

# 九十九里とイワシ漁

イワシ漁が行われたのは、今の九十九里浜である。南は岬町の太東岬から北は飯岡町の刑部岬まで六十キロにわたって弓なりの浜が続く。

この九十九里浜には面白い伝承がある。

一一八〇（治承四）年のこと、源頼朝は伊豆石橋山で挙兵するが敗れ、安房に逃げのびた。その頼朝が九十九里浜を訪れ、六町ごとに矢を指していき、ちょうど九十九本目で終わったので「矢指戸《やさしど》」と呼んだ。「戸」は止まるという意味である。そこからこの浜を「矢指ヶ浦」とか「九十九里浜」というようになった。

これはあくまで伝承である。その九十九里浜のほぼ中央部にあるのが「大網白里町」である。この「白里《しらさと》」は「百」から「一」を引いてできたともいう。結果的に「九十九里」ということになる！

九十九里町から大網白里町一帯には海岸沿いに「納屋」という地名が点々とつながっている。この納屋は漁師たちが仮につくった建物を意味していたが、やがて江戸中期になって房総半島の漁師たちがイワシ漁に携わる時に使用した物である。この納屋を中心に形成された集落を「納屋集落」というが、この地名はその建物から生まれたものである。

この地に住んだ江戸時代の経済学者・佐藤信淵はその著『経済要録』で次のように書いている。

「此九十九里の漁猟は、日本総国の第一なるべし、何となれば、南総東浪見《とらみ》村の大東岬《だいとうさき》より、北総銚子港なる犬吠鼻《いぬぼうがはな》までの間に、漁猟を以て口を糊する者四万余戸、其首領たる地曳網主たる者三百余家に及び、其他縄舟を業とする者数百家有りて、各々其配下の漁夫等を養へり」(『佐藤信淵家学全集』上巻、八六八頁)

獲られたイワシは干鰯やメ粕(イワシの油を絞り取った粕)に加工し、関東をはじめとして全国に肥料として送られていった。

『千葉県の歴史』(千葉県教育研究会社会科教育部会著)によると一八八二(明治十五)年には、千葉県で干鰯は一五、七五〇トン生産され、わが国のおよそ半分を占めたとされる。(同書、一〇三〜一〇四頁)

イワシ漁の伝統的技法は「地引き網漁」であった。左右に長い引き網がつき、中央が大きな袋になっていて大勢の力でたぐり寄せる技法である。この技法は江戸時代末期まで行われていたが、明治に入ると「あぐり網漁法」にとって代わられる。

「あぐり網漁法」とは、長さ二百メートル位の細長い網を二隻の船で張りめぐらし、網の下にある引き綱で網全体をしぼって、魚をすくい上げる方法である。

## さんが

もうだいぶ昔のことになるが、九十九里の近くに住むある先生のお宅に伺ったことがある。そのとき手料理でつくっていただいた料理が忘れられない。それは「さんが」と呼ばれる手料理であった。私が食した千葉県のものでは最高の味である。それは次のようにしてつくる。

「生の真鯛や鯵の頭をとり、指で開いて中骨を除き、包丁の刃で叩く。これに、みじん切りした葱、生姜、山椒の実を混ぜてさらに叩く。つぎに味噌と砂糖少し加えてよく混ぜる。この魚身を鮑や常節《とこぶし》の殻に詰めるか、経木の間にはさみ炭火で焼く。漁師は藁火で焼くが、この方がふっくらと焼き上がる。頭や

中骨を一緒に叩いてもよい。蕗の葉にのせて、柏餅のようにして焼いても食べる。ほかに青紫蘇の葉に包んで焼くと、香りが移って香ばしい。」（草川　俊『日本飲食考《おんじき》』楽游書房、一九七〇年、一一九頁）

イワシに関連して、こんな料理もあることも知ってほしい。私の記憶の味の一つである。

## イワシ料理で総合的学習

千葉県だったら、この伝統あるイワシを使って総合的学習をやってほしい。今は九十九里よりも銚子に上がるイワシのほうが優勢らしいが、とにかく鮮度が違う。九十九里町片貝海岸にある某料理屋に行くとイワシのフルコースが食べられる。千葉市内にも同じタイプの店がいくつもあるが、やはり本場がいい。ちなみに、この「片貝」という地名は、江戸時代に紀伊の「加太浦」の漁夫が開いたところから「加太開」となり「片貝」に転じた。

インターネットでみると梅肉煮と南蛮漬を付け出しに、いわしサラダ、刺身、にぎり寿司、団子汁、天ぷら、骨せんべい、揚げ出し、とすべてイワシづくしで二五〇〇円とか。このなかで、子どもにもできそうなのは、団子汁だろう。イワシのつみれは千葉県下では、よく学校給食にも出るらしい。私だったら、イワシで次のような学習を展開してみたい。

【第一ステージ】イワシを食べてみよう
イワシの丸干しなど、イワシを加工した食品を食べてみる。意外においしいことに気づかせたい。
【第二ステージ】グループで調べる
例えば、次のようなグループでイワシを調べる。
①イワシ漁の歴史
②イワシ漁の技法
③イワシの栄養素
④イワシ料理
【第三ステージ】イワシ図鑑をつくろう
発表をもとに、イワシ図鑑をつくる。
【第四ステージ】イワシ料理を食べよう
団子汁をつくって食べてみよう。
九十九里町には全国唯一の「いわし博物館」があるので、一度は行ってみたい。
総合的な学習のコツは、一つのモノにとことんこだわってみることだ。そのモノに即して学習を広げていけば、総合的な学習がごく自然に成立する。

# 9　松阪牛の世界（三重県）

## 日本一の牛肉店

お盆休みを利用して中国に旅した。私が主宰する研究会で夏休みに企画している行事で、今年は中国の北京と西安を訪問した。北京はすでに行ったことがあるので、期待するものはなかったが、西安は初めてであったこともあり、秦の始皇帝陵を取り巻く兵馬俑や、在りし日の長安を思わせる城壁など何日いても足りないと思わせるものがあった。

しかし、どうも食が自分に合わなかったらしい。お腹をこわしてしまった。中華料理はもともと好きなのだが、何しろ、毎回フルコースで出される料理の量にまずやられてしまうのだ。昨年行った香港でも同じ経験をしたので、中華料理はまずこれから要注意だ。

アメリカにしばらく滞在していたときは、中華料理を食べるとホッとしたものだが、日本料理と中華料理でもずいぶん違うものだ。

そんな状態で成田に着き、その足で千葉市にある自宅に寄り、さらにその日のうちにつくばに戻り、翌日早朝三重県の津まで講演に出かけて正直辛いものがあったが、現地のおいしい松阪牛を食べてお腹の調子も吹っ飛んでしまった。

三重県ならば、やっぱり松阪牛だろう。他県の人間からみてもそういいきっていいだろう。現地の先生に連れて行ってもらったのは、肉の小売店としては日本一といわれる朝日屋さん。この朝日屋、聞きしにまさる肉屋さんである。マスコミにも多く報道され、店はいつ行っても人でごったがえしている。とりわけ、年末は長蛇の列ができて買うのに相当な時間がかかるという。

学校栄養職員の日野まゆみ先生の紹介で社長の柏木静生氏にインタビューすることができた。

まず店頭を覗いてみて、これは違う！　と実感した。肉の色が東京なぞで売っているものとは雲泥の差である。とにかく柔らかくつやがある。この店の人気の秘密はうまくて安いことだという。ステーキ用の最高肉だと一〇〇g一五〇〇円もするのだが、これでもほかの肉屋に行くとその倍近くもするというのだ。何だか、関東人にはわからない世界なのだ。

柏木社長が考案したシステムは、飼育農家から直接牛を買い取り、自分の店でさばき、直売するというシステムであった。ホームページでは、こう書いてある。

「当店では、飼育農家からお客さまへの距離を最短にして食肉流通の中間マージンを徹底して省き、より良い松阪牛をより安く提供させて頂くべく、長年努力を重ねて参りました。一店舗主義を貫き、細心の目配りと充実した保冷設備で食肉や食品の衛生管理は確実。更に肉牛の仕入れから解体・精肉、販売までを総合して当店で行うので、時間効率にロスが無く、常に新鮮な食肉をお客さまに味わっていただけます。」

今年はニューヨーク・タイムズからわざわざ取材に来たというんだから、すごいものである。

## 「松阪牛」とは何？

ところで、松阪牛とはそもそもなんなんだろう。歴史的にはかなり古くから牛肉は食べられていたようだが、やはり舞台に躍り出てくるのは明治以降である。松阪に肉牛肥育の基礎を築いたのは山路徳三郎という一人の人物であった。

すでに一八七七（明治十）年には、山路がひきつれた牛が一〇〇頭以上も松阪近郊から東京まで長蛇の列をつくって運ばれたとのこと。津から東京までは平常では十五日の行程だったが、牛と一緒だと二十日間を要したという。牛を追いながら歩いて東京まで行くという、今では信じられない旅であった。しかし、この壮挙は成功し、それ以降東京でも松阪牛の名前が知られるようになったという。

一八七八（明治十一）年、松阪の鍛治町（今の松阪市本町）に牛肉屋が開店した。店の主の名前は松田金兵衛といった。この人物こそ今や天下に有名な松阪牛の店「和田金」の創業者である。

実はこの和田金に食事に行った。帰り際に、「和田金っていう店の名前はどうしてついたんですか」と中居さんに聞いてみた。すると、この松田金兵衛さんは東京深川の「和田平」という料亭で修業をしたのだが、のれんわけしてもらったときに、自分の「金」をつけて「和田金」としたとのこと。

その松田金兵衛が肉を薄切りにして食べる料理法として開発した料理が「すき焼き」であったという。すき焼きというのは鉄板が普及する以前から「犁」の上に肉を載せて焼いたところから来ているから、元祖ということではないにしても、今風のすき焼き料理を開発した人としていっていいだろう。

戦前から松阪地区で肥育されたきた牛は「伊勢牛」と呼ばれてきたとのこと。それを「松阪牛」「松阪肉」と呼ぶようになったのは、一九六〇（昭和三十五）年ごろからのことだという。

『松阪牛　牛飼いの詩』（伊勢志摩編集室）によると、一九五八（昭和三十三）年、松阪の出荷業者と東京の食肉業者が集まって「松阪牛協会」を創設し、そこで、どんな牛を

「松阪牛」と呼ぶか検討し、規定を設けたという。その規定とは、次のようなものである。

①雲津川から宮川の間で、
②六ヵ月以上飼育された、
③メスの処女和牛で、
④上規格以上のものに限る。

場所と飼育期間と性と規格の四つの条件を満たさないと「松阪牛」とは呼ばれないということだ。「上価格」とは、枝肉に処理したものを肉質の良否により、特選、極上、上、中、並と分けたうち、上位三ランクを意味している。つまり、「上」以上でないと松阪牛とは認めないということになる。さらに大切なことは、松阪牛のルーツは兵庫県但馬地方の但馬牛であり、その系統でないと松阪牛にはならないとのこと。牛の世界もなかなか難しいものだ。

## 学校給食で

学校給食でも、松阪牛は出されるらしい。松阪市では、牛肉のすき焼き、牛肉と春雨のサラダ、牛じゃがなど多くの牛肉料理が出されるようだが、ここでは、牛肉のしぐれ煮の

レシピを紹介しておこう。（一人前、g）

〈牛肉のしぐれ煮〉

牛肉 40
糸こんにゃく（白） 30
しょうが 2
酒 3
水 7
醤油 6
砂糖 1.5

（1）糸こんにゃくを茹で、三cm幅に切る。
（2）鍋へ酒、水、醤油、砂糖を入れ、ひと煮立ちしてから、しょうが、牛肉、糸こんにゃくの順番に入れ、時々混ぜながら煮汁が全体のからむまで煮る。

こんな献立から松阪牛の歴史や地理的関係を学ぶこともできる。

残った すき焼きを 卵とじにして 食べても 美味しいよ!!

# 10　だから納豆はやめられない（茨城県）

## 昔懐かしい納豆

昔々の話である。私が生まれ育った信州の山のなかでも、納豆売りの声は聞いたことがある。毎日ではもちろんなかったが、中学生くらいの子どもが「ナットー、ナットー」と朝早くに村を回っていたのを記憶している。

茨城県の水戸に行ったとき、本当にうまかったのは納豆だった。さすが水戸の納豆といわれるだけのことはある。

納豆を好んで食べる地域では土地が悪く大豆くらいしか生産できないところが多い。田んぼのあぜに小粒の大豆を植え、田んぼの肥料としていたらしい。信州でもよく大豆は田んぼのあぜに植えられていた。

どうやら納豆の醗酵には小粒の大豆が適していたらしく、水戸付近の農家では次第に大豆の生産が定着していった。この納豆が全国に広まったのは一八八九（明治二十二）年に鉄道が敷かれ、駅のお土産として売られるようになってからである。考えてみれば水戸には春の梅があるほかは納豆くらいしかお土産になるものはなかったのだろう。もともとは駅前の旅館が土産に置いていたものが、やがて駅の土産として全国にその名を広めていったとのことだ。

## 納豆の歴史

先日、アメリカの航空会社の飛行機で帰国した。途中機内食として出された食事を見て、ああ、アメリカの食事だなあとがっくりきた。サンドイッチにバナナが一本、そしてクッキーが一枚とオレンジジュースだけだ。だいたいバナナが一本入っているというのも寂しいかぎりだ。なんの手も加わっていない。

東アジアからみれば、バナナなぞというものは食事ではないのだ。昔はわが国では病気ででもないとバナナなどは食べられなかったのだが、今は昔である。その点、アジアの生んだ醗酵食品、納豆はその歴史からみても、食品の深さからみても段違いのレベルにあるといっていい。

わが国における納豆の歴史は、まさに納豆の糸のように諸説ふんぷんで、たしかなことはわからない。しかし、どうやら弥生時代の後期にはつくられていたようで、その歴史は二〇〇〇年近くに及ぶ。全国的に納豆が広がったのは「八幡太郎義家」の名前で知られる源義家の力によるという伝説がある。

源義家（一〇三九〜一一〇六）は平安後期の武士で、前九年の役や後三年の役等で大活躍した武士として知られる。その伝説は東北地方はいうに及ばず、京都や九州にまで及んでいるらしい。

どこでも話の筋は同じで、ワラに包んだ煮豆がいつしか醗酵していて、食べてみたらうまかったので、それ以降食するようになったということになっている。

面白いことに、義家は京都から陸奥に行く際に関東（坂東）を通っており、あたかも水戸あたりも通ったらしい。水戸納豆にはひょっとしたら義家伝説もからんでいるかもしれない。

最近の説で、「納豆トライアングル」というものがある。一九八五（昭和六十）年、筑波研究学園都市で開催された「アジア無塩発酵大豆会議」で中尾佐助氏が提案したもので、東アジアの代表的な「無塩発酵大豆加工品」は、日本の納豆とインドネシアのテンペとネパールのキネマであり、この三大産地を結ぶ三角地帯を「納豆トライアングル」と呼んだ。この広大な地帯が大豆技術の発生地、すなわち「大豆文化圏」であるというのである。

（宮崎基嘉・鈴木継美『食生活論』日本放送出版協会、一九八六年、九一〜九二頁）

## からだにいい納豆！

私の宿舎の冷蔵庫には納豆を欠かしたことがない。この歳になると、豆類を食べていれば何も心配ないと考えている。まず味噌汁に納豆だ。納豆に含まれる栄養分は、たんぱく質、食物繊維、ビタミン類など、実に多様だ。納豆にしか含まれない成分としては「ナットーキナーゼ」「ビタミンK２」「納豆菌」「シピコリン酸」などがある。「ナットーキナーゼ」とは血栓を溶かす働きがあり、心筋梗塞や脳梗塞を防ぐ働きをしている。また「ビタミンK２」はカルシウムの吸収を助ける働きがあり、女性に多い骨そしょう症を防いでくれる。

町田忍氏の研究によれば、納豆の消費量の多い県ほど、大腿骨折が少ないとされる。消

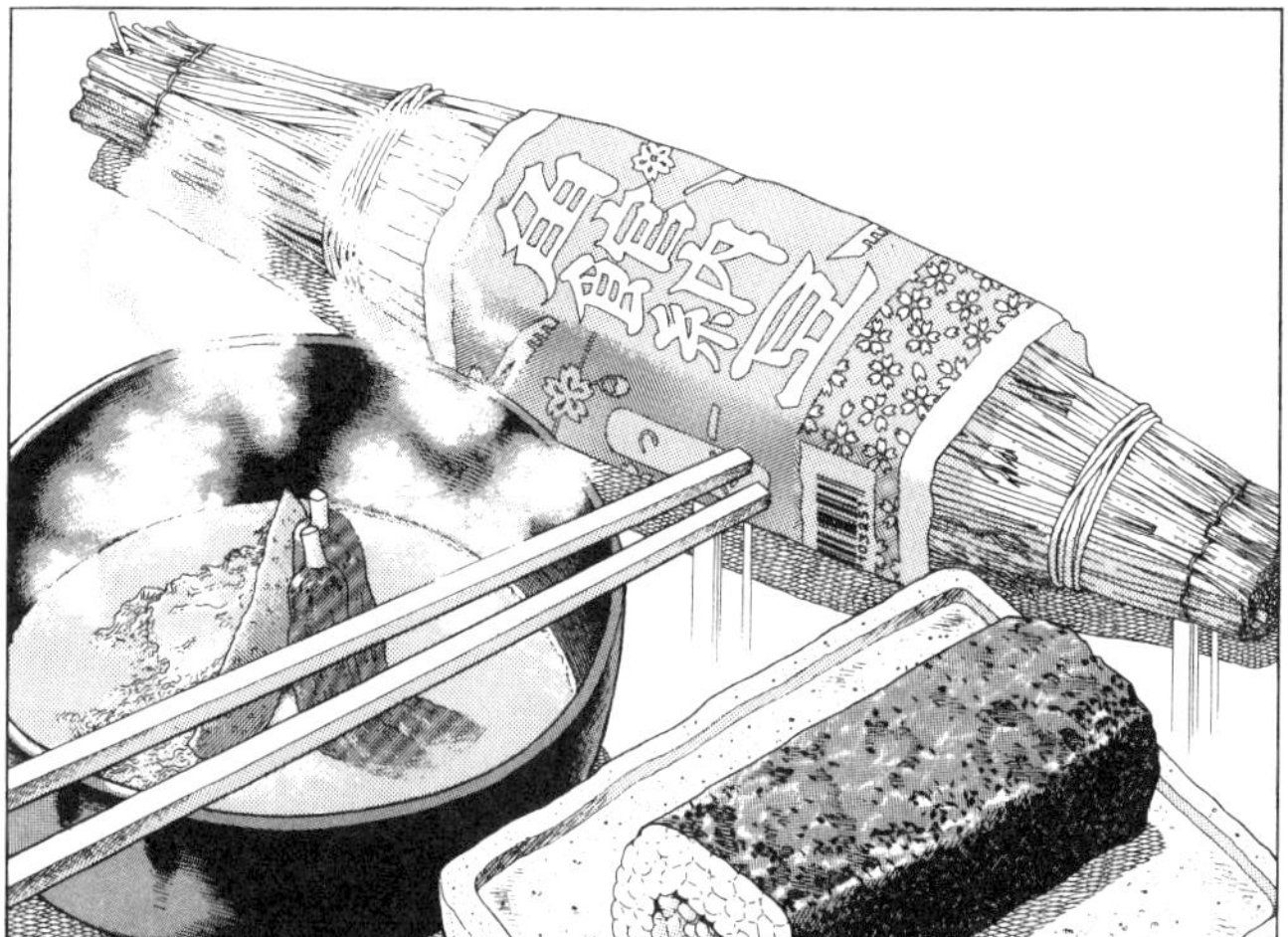

費量第一位の茨城県が最も少なく、反対に茨城県の六分の一しか食べていない和歌山県は一番多くなっている。不思議なものである。（町田忍『納豆大全』小学館、一九九七年、三三一〜三三五頁参照）

## 授業への構想

最近埼玉県川口市の本郷南小学校で、大豆を使った総合の授業を見た。三年生なのだが、自分たちで作った大豆でさまざまな学習が展開されていた。豆腐屋に行く子どもたち、スーパーに豆製品を探しに行く子どもたち、豆腐づくりに挑戦する子どもたちなど、実に多様な学習が組まれていた。これの延長で納豆にも挑戦したら面白いだろうなと思った。納豆の歴史、納豆の文化、納豆からみた地域差、納豆の栄養分、納豆と健康などなど二十一世紀を担う子どもたちには必須の学習だろう。

嫌いな子どももたしかにいる。でも食わず嫌いな親や子どももいるはずだ。だから一回はチャレンジさせたい。一九九四（平成六）年、納豆の日が決められた。「七月十日」である。単純な語呂合わせである。納豆づくりにいい季節があるかどうかはよく知らないが、この納豆の記念すべき日に合わせて授業を展開するのも手であろう。

# 11　熊本は馬肉とからし蓮根！（熊本県）

## 熊本は馬刺し

今はどこへ行っても「食」「食」である。先日熊本に行った。熊本といえばやはり馬刺である。馬刺なぞというと大人の酒のつまみになってしまうが、「さくら肉」といったり、「馬肉」と呼ぶと、子どもたちにも馴染みが出てくる。私の故郷の長野県も馬刺が有名だが、私の家では全く食べたことがなかった。中学校時代の友人の家ではけっこう食べられていたという。

そういえば、熊本日々新聞社発行の『熊本の味』に次のようにある。

「熊本で馬肉がこれほど普及したのはいつかというと、そう古いことではない。無論、戦前も食べていたが、それは安い肉として、牛肉や豚肉の代用品だった。今日の高級品としての馬刺が家庭の食膳にのぼるようになったのは戦後、それも三十年代のことだ。いまでは年間数千頭も食べており、県産馬は食い尽くして、北海道、いや韓国、アメリカ、オーストラリアからも輸入している。」（四四頁）

昭和三十年代以降に広まったという話は、現地で取材した話と見事に一致している。

学校栄養職員の先生方に引率されて、市内のいくつかのスーパーマーケットを見学した。スーパーはまるで食の展示場である。どこの店に入っても、肉のコーナーには牛肉と豚肉、鳥肉に並んで馬肉が置いてある。安い馬肉もあるが、基本は馬刺用。これは信じられないほど高い。一〇〇グラム二〇〇〇円以上のものもある。さすがに霜降りである。このクラスになると牛肉と同じ色つやでわれわれを迎えてくれる。

## 学校給食で「具飯」

こう書いてくると、学校の子どもたちには関係ないように見えるが、実はそうではない。

熊本県嘉島町給食センターから資料をいただいた。それによると、馬肉を使った「具飯《ぐめし》」という郷土料理や馬肉を使った肉じゃがを出すことがあるとのことだ。具飯のレシピは以下の通り。（数量はg）

| | |
|---|---|
| 精白米 | 900 |
| 馬肉 | 200 |
| にんじん | 110 |

ごぼう　150
こんにゃく　100
季節の青物　70
調味料（砂糖、醤油、ミリン、酒）
炒め油

（作り方）

1．米は洗って普通に炊く。
2．馬肉、にんじん、ごぼう、こんにゃく、椎茸（水戻し）をそれぞれに細かく切る。
3．季節の青物は茹でておく。
4．鍋に少量の油を入れ、2．の材料を炒め、火が通ったら調味料を加える。
5．1、4、を混ぜ合わせ3．を散らす。これならば、子どもにもできそうではないか。

二〇〇一（平成十三）年の一月二十四日、嘉島町では給食週間放送として、次のような話を流したそうだ。

一月二十四日（水）「今日は給食記念日です。」

そこで、今日の献立は嘉島町に昔から伝わっている「具飯」を給食の献立にとりいれてみました。「具飯」は、いろいろな食材料が御飯の中に入った混ぜ御飯のことです。

それぞれの地域によって、その土地で取れる材料（産物）が違います。嘉島町の「具飯」の特徴は、うま味食品として、馬肉の細切れが使われています。それに、野菜の牛蒡と馬肉の味がマッチして、とてもおいしい味を出していることです。

馬肉は昔から「さくら肉」といいます。肉質に脂肪が少なく、甘みがあり、肉としてのタンパク質の栄養価も高く、貧血予防に効果のある鉄分も多く含まれています。

私たちの郷土の料理として伝わっている「具飯」を今日は給食で味わって下さい。

「具飯」の作り方は今月（一月）の献立表に掲載してありますので参考としてください。


こういうのを粋な計らいというのだろう。こんなさりげない郷土料理に私は偉大な知恵を感じる。学校給食で出せるものなら、是非学校の授業のなかでつくらせてみて、郷土を見直してみたらどうだろう。

## からし蓮根も熊本の誇り

馬肉と並んで熊本が誇る（というほどではないか…）のが、からし蓮根。『熊本の食べ物』（熊本開発研究センター）には、次のように書いてある。

「熊本の郷土料理の筆頭にあげられる辛子蓮根も、細川家三代目藩主忠利公時に作り始められたと言われるので、すでに三百有余年の歴史がある。事の起こりは、名君忠利公が生来病弱であった事に心を痛めた玄宅和尚が、和漢の書をひもとき、れんこん（蓮根）が増血精力剤として、卓効がある事を知った。阿蘇の火山灰土を流す白川の水をひくお城の濠には、見事なれんこんが群生していた。早速忠利公におすすめしたところ、『泥（ドブ）の中に生えたものが食えるか』とお叱りを受けた。そこで、当時長崎の方から伝わって来た『天ぷら』風にしたらよかろうと、ころもの中に卵黄を入れて油で揚げてみたところ、大変

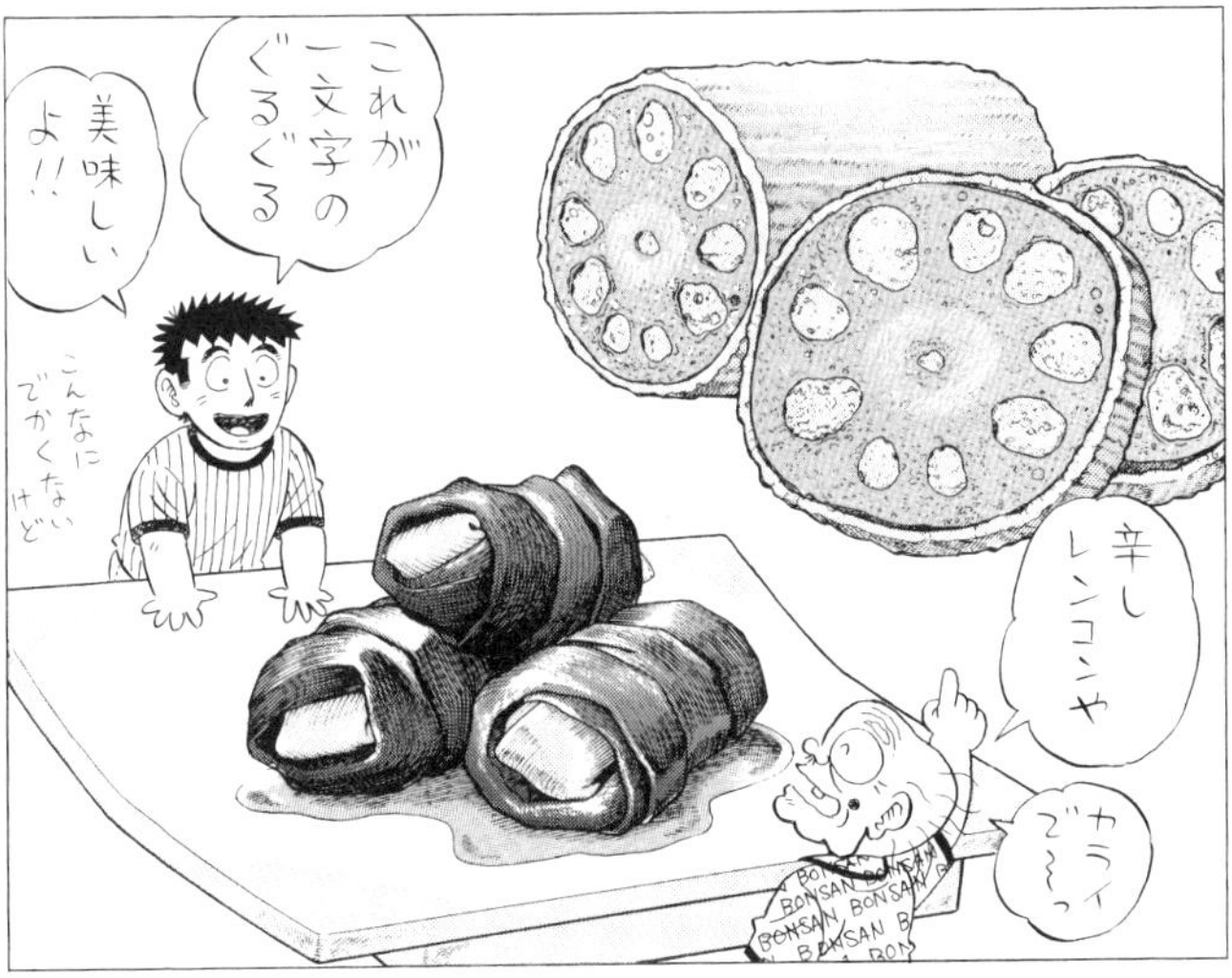

お気にめされ、以後細川家特製の料理として、明治維新まで門外不出になったと伝えられる。」（七九〜八〇頁）

辛子蓮根は辛いので、子ども向きではないが、面白いことを知った。それは細川家特製になった理由として、蓮根の切り口が細川家の家紋である「九曜紋」の形をしているところから、大いに気に入ったという話である。たしかに、蓮根の切り口は九曜である。

もう一つ、「ヒトモジのぐるぐる」という食べ物を体験した。普通のネギよりも小さくて、このヒトモジをさっと茹でて水にとり、一度しぼってから、うす口醬油をかけてもう一度絞る。白根の部分の二、三センチ上を二つに折って、これを芯にして、波の部分をぐるぐる巻きつける。

焼酎のつまみには最高の逸品。自宅でもよくつくるそうだ。

地元の人に「ヒトモジって『一文字』って書くんですよねえ」と言ったら、「ええ？今まで『人文字』と書くのかと思ってましたよ！ スーパーにもそう書いてあるし…」

よくある誤解に違いない。正式には「一文字」だと本には書いてあるから。

それにしても、地域に伝わる郷土料理、これは最高の総合的な学習の材料だ。

九曜紋

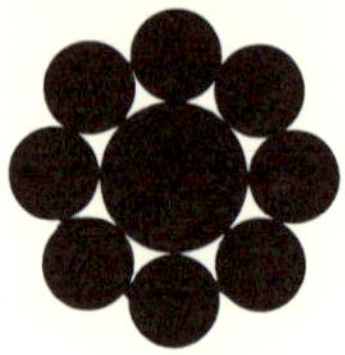

# 12　餃子で町おこし　宇都宮（栃木県）

## 餃子プロモーション

食べ物で町おこしをしているところといえば、ラーメンの喜多方などがすぐ脳裏に浮かぶが、宇都宮もなかなかである。

飛び乗るようにして新幹線に駆けこむと、一時間足らずで宇都宮に着いてしまう。まず市立図書館に行って文献を調べる。ところが、郷土資料コーナーには一九九四（平成六）年に出された『宇都宮の餃子』（下野新聞社）という冊子風の本があるだけで、まとまったものはほとんどない。これだけではどうしようもない。帰りの新幹線の時刻は刻一刻と迫ってくる。「これはやばいな」と思ったが、そこは取材のプロ。その足ですぐ市役所に向かった。受付で「餃子と町おこしについてお聞きしたいんですけど…」というと、即座に「十二階の商業観光課に行ってください」という。観光係長が詳しく教えてくれた。

もともと、宇都宮はイメージが希薄な町であったという。それが餃子を軸にプロモーションを行おうとしたきっかけは一九九〇（平成二）年度の宇都宮職員研修グループのリポートであった。この一つが、当時の総務庁が毎年出していた家計調査年報の餃子の年間購入額であった。わかりやすくいうと、一つの家庭で一年間にどれだけの餃子を買っているかというデータなのであった。対象は県庁所在地四十七都市で、約八千人のモニターを定めて行ったものである。それによると、宇都宮は一九八七（昭和六十二）年から九四（平成六）年までの八年間、購入金額が全国一位を占めている。九五（平成七）年に一度、静岡市に一位の座を譲るも、九六（平成八）年にはまた首位に返り咲いている。

こうなると、たかが餃子、されど餃子である。一九九〇（平成二）年のリポートは当時のこの実態に注目し、宇都宮を餃子の町としてプロモートしていこうという提案であった。

宇都宮観光協会の資料をもとにして作成された資料をやや簡潔にして示すと、宇都宮の餃子プロモーションは以下の通りになる。

・一九九〇年一二月
宇都宮市中級職員によるリポート
・一九九一年一〇月
観光協会による餃子マップ作成（市内の有名二十三店の餃子の特色を紹介）
・一九九三年七月
宇都宮餃子会発足（三十八店加入）

八月
「ギョー！ＴＨＥ　フェスティバル」
・一九九四年二月
餃子像　ＪＲ宇都宮駅東口に設置
一二月
『宇都宮の餃子』出版
・一九九五年三月
餃子マップ　観光協会と餃子会が作成
・一九九六年一〇月
餃子マップ　餃子会単独で作成
謝恩キャンペーン「餃子を食べて上海へ行こう」実施

## うつのみや餃子まつり

こう見てくると、宇都宮がいかに餃子に入れこんできたかがよくわかる。

二〇〇〇（平成十二）年に開催された「うつのみや餃子まつり〝2000〟」の概略を紹介

しておこう。

主催は、宇都宮餃子会・宇都宮商工会。期日は二〇〇〇（平成十二）年十一月四日（土）・五日（日）の両日。

主な事業内容としては、以下のことがあげられている。

（1）餃子フェスティバル（まちかど広場）

①世界の餃子大集合〜包みの食文化〜

宇都宮の餃子、イタリアのラビオリ・カネロニ、ベトナムのゴイクン、メキシコのタコス等

②餃子グッズの販売

餃子ストラップ、カップ餃子、餃子おかき、餃子キーホールダー等

③ろまんちっく村の地ビールのＰＲ・販売

④餃子早食い競争

⑤音楽ライブショー等

（2）家庭餃子日本一との味比べ

昨年度家庭餃子コンテストの大賞作品「チャーチン餃子」と宇都宮市民餃子大賞「そぼろはるさめ餃子」を限定販売し、宇都宮の餃子と味比べしてもらう。

このようなイベントを通じて、宇都宮は完全に餃子の町として定着しつつある。

## 餃子のルーツ

宇都宮でなぜ餃子が食べられるようになったかについては、戦前の戦争の歴史が関係している。

日露戦争が終わるまでの日本の平時陸軍兵力は十二個師団であった。それが日露戦争の反省から、四個師団が増設された。一九〇五（明治三八）年のことで、第十三個師団（高田）・第十四個師団（宇都宮）・第十五個師団（豊橋）・第十六個師団（京都）ということで、宇都宮はその後軍都として知られるようになっていった。

その第十四個師団は一九三一（昭和六）年の満州事変の翌年三月、上海に上陸し、それから二年間にわたって満州を転戦している。兵士たちは満州地方で食べた餃子の味が忘れられずに、日本に帰国してからも餃子をつくって食べたとのことである。これは十分にありそうなことで、私の親戚にもその経験から今でも餃子を焼いて食べる習慣をもっている人がいる。

## 食べ物で町をデザインする

このように見てくると、食べ物が町おこしに立派に役立っているのがよくわかるはずである。総合的な学習は教科の枠にとらわれず、思い切って身近な地域から発想したほうがいい。

自分たちの住んでいる町をデザインするにはさまざまな手法がありうる。観光地でデザインするもよし生産物でデザインするもよし。しかし食べ物でデザインするなんて発想は粋である。できたら子どもたちにデザインの知恵を出してもらったら、もっと素敵だろう。

そこに行ったら、ぜひ食べてみたい物があるというのは魅力ある町の証しである。そんな町おこしに参加できる子どもたちを育てることも総合的な学習の課題である。

# Ⅳ 食の授業のつくり方

## ――教室に立つ前に

# 1　教材研究がわかる

## 「駅弁」で授業づくり

Ⅳ章では、実際に授業というものはどうつくるかについて詳しく述べることにする。

私のこれまでの研究の柱は授業づくりであった。なかでも食べ物を取り上げて多くの授業を開発してきた。パン、チマキ、そば、牛肉、駅弁、ラーメン等、いろいろなことにチャレンジしてきた。食べ物に着目したのはもう十数年前のことだが、今考えてみると、そのときの発想が総合的な学習に活かせることになったわけである。

食べ物を教材として取り上げようと考えたきっかけは単純だった。もともと社会科教育の教材開発として始めたものだが、社会科嫌いな子どもたちを好きにさせるには食べ物を持ってくるしかないと考えたまでのことである。どんなに勉強が嫌いな子どもでも食べることは好きである。その好きな食を扱えば、子どもも食いついてくるに違いないと考えたのである。

それから十年間、食の教材化に没頭した。その成果が今あちこちで活かされているのは、本当にうれしいことである。

ここでは私が学生とオリジナルに開発した「駅弁」の授業を例にして、食の授業の面白さとそのつくり方のノウハウを述べることにする。食というと、すぐ栄養素の話になってしまうとは、よく耳にする言葉だが、食はもっともっと広い文化的背景をもった営為である。そのなかで、私たちは駅弁に注目した。

駅弁は全国どこにもあるし、どことなく旅行をイメージさせるので、それだけで心をうきうきさせてくれる。おまけに地元の駅弁を想起すればわかることだが、それぞれの地域の特色をよく示している駅弁が多い。それらのパッケージを集めるだけで楽しい授業ができるのである。

駅弁の授業を開発したのは、もう十年あまり前になるが、今ではあちこちで行われている。ここでは、千葉県習志野市立谷津小学校の四年二組（永本初枝教諭担任）が総合的な学習で二〇〇一（平成十三）年に行った実践を例に説明しよう。

## 授業づくりのステップ

一般に授業というものは次のようにしてつくる。これをかなり一般化して述べてみよう。

## （1）カリキュラムでの位置づけ

学校というところは、さまざまな制度的な制約のもとに運営されている。学校のカリキュラムはほぼ十年ごとに改訂される教育課程によって決まってくる。いわゆる学習指導要領によって、学校で教えられる内容等が決められてくるのである。

図1で示すように、教育課程にはいくつかの層があり、上位では憲法・教育基本法・学校教育法などに規定されたさまざまな制度もある。その典型は学級規模などである。

それに対して、学校の教員が比較的身近に感じるのは学習指導要領レベルである。学習指導要領には、各教科や科目の目標・内容・内容の取扱いなどが規定されており、とりわけ教育課程の改訂時には、注目を集める。この学習指導要領に則って教科書が作られるので、間接的とはいえ、教師には比較的身近な存在なのである。

間接的といった理由は、日頃の教師生活にとっては、学習指導要領は遠い存在で、何か研究授業でもあるときにしか目を通さない存在であるともいえるからである。

実際には教科書とそれをどう使うかを書いた教科書の指導書（教科書会社が編集執筆したもの）が日常的に活用される最も身近な存在であるといえる。

学校では、四月の年度初めまでには、その年度の学校ごとのカリキュラムを作る必要が

## 図1 教育課程のレベル

| レベル | | 対象 | 内容 | 決定 | 形式 |
|---|---|---|---|---|---|
| 国・法令レベル | | 学校制度 | 教育の権利<br>○学校の種類・名称<br>○目的・目標・修業年限・年齢 | ○憲法、教育基本法、学校教育法 | 法律 |
| | | 学級編成<br>教育課程<br>教科用図書検定 | ○学級編成・規模<br>○教科・科目<br>○教育課程の編成・基準・特例<br>○授業時数<br>○課程の認定・修了 | ○地方教育行政の組織及び運営に関する法律<br>○学校教育法施行規則<br>○教科用図書検定規則 | 法律<br><br>省令<br>省令 |
| 行政レベル | 1 | 学習指導要領 | ○教育課程の領域<br>目標・内容・取扱い | 文科大臣諮問<br>教育課程審議会答申 | 告示 |
| | 2 | 解説書 | ○学習指導要領の解説・指導計画作成の手引き | 文科省教科調査官<br>その他 | 著作物 |
| 学校レベル | 1 | 教科書 | ○教材・その取扱い<br>○学習指導要領準拠 | 大学・小・中・高教師など | 著作物 |
| | 2 | 教師用指導書 | 同上（実態・発達特性を部分的に考慮） | 教科書会社 | 印刷物 |
| | 3 | 学習指導要領のとらえ直し、教科書など参考 | 左の枠内での自由な主体的な編成 | 教師集団 | 同上 |
| | 4 | 学校独自の教育課程 | 学習指導要領を包み込む | 学校内の教師集団 | 同上 |
| | 5 | 学習指導案 | 月、単元名、時間、目標、計画、本時の指導など（学校レベル 1､2､3､4のいずれかの反映） | 教師 | 同上、<br>記録、<br>メモ<br>など |
| | 6 | 授業 | 活動の総体 | 個々の教師と子ども | 実践活動 |

あるわけで、各教科ごとに、年間指導計画を作成する。これらの業務を担当するのが教務主任である。

学校栄養職員が授業に参加することになったら、取り扱う内容が、全体のカリキュラムのなかでどこに位置づくかを明確にすることである。たぶん、多くの場合、教員と共に教えるというT・Tという形で行われることが多いはずである。その場合は、教諭と十分相談した上で、自分の役割分担を明確にする必要がある。

一般に、ある教えるべき内容（子どもからみると学習内容）のまとまりを「単元」と呼ぶ。この単元という言葉は、わが国では主に戦後アメリカから導入されたもので、英語ではunitである。語源的にいえば、「統一されたあるまとまり」といった意味である。

年間、たとえば七十時間扱いの教科があったら、それをいくつかのまとまりに区分することが必要になる。物事を計画的に進める必要からも、区分してまとまりをもたせることは不可欠である。そのまとまりを大きく年間五個くらいに区分した場合は「大単元」と呼ばれ、それは小学校では二十時間以上になることもある。そして、その単元の下にさらに細かい区分を置いた場合は「小単元」と呼ばれる。

いずれにしても、担当教師から授業を依頼された場合は、この単元のなかでどこを担当するかをはっきりさせておく必要がある。

## (2) 教材研究

自分の担当する部分がはっきりしたら、次に教材研究を行うことになる。「教材研究」とは、実際に授業を実施するまでのすべての準備的研究を指すと考えればいい。この教材研究には大きくわければ二つの段階がある。

【遠心的教材研究】

前半の研究は「遠心的」教材研究と呼ぶ。つまり、なるべく広く大きな視野で情報を集めて対象を大きくとらえる段階である。これは学問的研究や企業などの研究リサーチでも同じで、違いはない。

私が開発した「駅弁」の授業では、まず駅弁に関する著書や雑誌などでまず情報を収集し、さらにインターネットで情報を集め、現地で実際に買ってみたりした。とにかくなるべく多くの情報を得ることがまず必要である。

この段階では、どの情報が使えるか使えないかはまだわからないから、できるだけの努力をして集める。この段階を「遠心的」教材研究と呼ぶ。

この「遠心的」教材研究の方法としては、以下のようなものがあげられる。

①文献研究…食に関する文献も多いので、それらを調べる。

②インターネット検索…最近の調査ではこれが不可欠。
③現地調査…実際に現地に出かけて調べることも必要。
④インタビュー…関係者から話を聞くことも大切である。

【求心的教材研究】

後半の段階は「求心的」教材研究と呼ばれる段階である。これは、集めた情報を授業のねらいに合わせて整理し、しぼっていく段階である。この段階が教材研究としては最もダイナミックで面白い段階である。この教材をもってきたら子どもはどんな反応をするのかな、と推測しながら授業の展開を考える。その推測が的確にできるようになったら、教師としても一人前である。

遠心的な段階では、すでに多様な情報が蓄えられているはずだが、それらの情報を得ていく過程で、次第に授業のねらいがしぼられてくる。対象を調べていくなかで、「これは面白い、使えるな」と思うことがしばしばある。また、知らなかった事実を知って感動することもある。それらの事象を、一方で教科などの目標と照らしあわせながら検討していく。

さきに、推測しながら授業を考えるといったが、授業というものは推測の連続であるといっていい。「これを出したらあの子たちはどう考えるかな」「こういう発問したら、どう反応するかな」と考えながら検討していくのが、教材研究のダイナミズムである。

　この段階で不可欠なことは、子どもたちの実態を調べることである。授業はあくまでも子どもにとって意味あるものでなければならないので、子どもたちがどんな知識をもっているか、どんな意識をもっているかをよく知らなければならない。教材研究とはいっても、実はその前提に子ども理解がなければ授業は成立しない。

### （3）授業の計画を立てる

　どんなことを行う場合にも計画が必要である。それは調理でも同じことである。授業の計画も二つの段階に分けて考える必要がある。

#### ①「学習指導計画」を組む

　最初の段階は「学習指導計画」（「活動計画」）というレベルである。これは単元全体をどのように組み立てるかという計画である。全体の見通しを立てることと理解していい。普通、単元は数時間以上の時間数から成り立っているが、その全体の時間配分を行うことである。これは、教諭が事前に作ってしまっていることが多い。

　谷津小学校の場合は、活動計画（二十時間扱い）として、次のような計画が組まれている。（　）内は時間数を示す。

1　「駅弁」を見て、テーマをもつ。（1）
2　攻略の計画をたてる。（2）
3　テーマを攻略する。（16）
・テーマを攻略する④
・「千葉県の駅弁大会をしよう」①
・千葉県にあったらいいなオリジナル駅弁を考える。⑨
・「オリジナル駅弁大会をしよう」②
4　活動を振り返る。（1）

②学習指導案の作成

次の段階は、一時間ごとの展開を構想する段階である。実際には、この「学習指導案」を作成するのが要となる。この具体例も谷津小学校の案を示しておく。これはあくまでも一例であって、こう書かねばならないというきまりはない。ただし、学習指導案というものは、ひとりよがりで書いていいというものではなく、客観的に相手に伝わる形式にしなければならない。

一般的に、一枚の図で表すが、左右の広がりの項目（ここでは、「子どもの活動」と「教師のかかわり」）と縦のつながりを意識して書く。左右の広がりでは、子どもと教師がどうかかわるかを意識して書くことになる。これは空間的広がりを示している。展開の図のなかで、左右の広がりは、その時点時点ごとの瞬時の空間を示していると考えるのである。ここに示した谷津小学校の展開図は総合的な学習のもので、活動中心の流れになっているため、横の広がりは見えにくいが、教科の指導案などで検討してみてほしい。

一方、縦のつながりでは、一時間の授業の流れを意識して書くことになる。つまり、横は空間的広がりを意味し、縦は時間的流れを意味しているのである。わかりやすくいうと、展開図の上の部分が授業の開始時を表し、いちばん下の部分が授業の終了時を意味しているのである。その時間のなかをどう区分して一時間の授業を展開していくかが、授業の組み立て方の基本である。

図2、図3は、谷津小学校の永本初枝教諭が作成した学習指導案の展開部分と授業の実際である。

## 学校栄養職員の参画

谷津小学校の実践では、千葉県のオリジナル弁当をつくろうということで、子どもたちが自由にネーミングとその中身を考えてつくったのだが、それを学校栄養職員の宍倉順子

## 図2　本時の指導

（1）ねらい

・攻略した「千葉県の駅弁」をポスターセッションで話し合い、県内の駅弁の様子を知ることができる。

・発表資料を使って、わかりやすくポスターセッションをすることができる。

（2）展開

| 子　ど　も　の　活　動 | 教　師　の　か　か　わ　り |
|---|---|
| **千　葉　県　の　駅　弁　展　を　し　よ　う** | |
| ○どんな駅弁があるか、弁当の特徴など駅弁屋さんになって宣伝する。 | ○攻略したことがうまく説明できるよう支援する。<br>○質問に対して詰まった時はわかる範囲で一緒に答える。 |
| **千葉駅**<br>○はまぐり弁当<br>千葉の海は、はまぐりが取れていた。遠浅のきれいな海で、海水浴客でにぎわっていた。<br>○いせ海老で鯛<br>「海老で鯛を釣る」のことわざをもじる。<br>○大漁万祝<br>千葉県は漁業の盛んな県。大漁や万祝は縁起のいい言葉。<br>○万葉弁当<br>会社の名前から。「千葉」の「千」の十倍にも発展するように。<br>○グルメッセ・華<br>グルメと幕張メッセを合わせた。<br><br>**成田駅**<br>○房総の味<br>千葉県産の食材を使った炊き込みご飯。八角形の容器が面白い。<br><br>**木更津駅**<br>○漁り（あさり）弁当<br>木更津といえば「あさりの潮干狩り」。漁は「あさる」と読む。丸いおけのような容器やパッケージが珍しい。 | **佐倉駅**<br>○やきとり弁当<br>江戸時代佐倉藩「薬食い」といって病気の養生のため肉食を勧めた。<br>○歴史の森（幕の内弁当）<br>国立民俗博物館や佐倉城など古い歴史がある。<br><br>**安房鴨川駅・勝浦駅**<br>○あわびちらし<br>房総の海の幸のあわびを使った弁当<br>○ちょっと寄り道各駅停車弁当<br>房総の海の幸がたくさん使ってある。ひじき、鯨、サザエ、いわし。 |
| ○攻略で、大変だったことや良かったことを発表の最後に話す。<br>・電話のかけ方で失敗しちゃった。<br>・優しく教えてくれて、パッケージを送ってくれた。<br>○友達の攻略の仕方で、良かったことや真似したいことを話し合う。<br>○「千葉県の駅弁展」の感想を話し合う。<br>・千葉県にもたくさん駅弁があったので驚いた。<br>・もっとほかの駅で売ってると思ったのに少ない。<br>・私なら「○○駅弁」をつくるなぁ。 | ○グループの発表を聞き合い、初めて知ったこと、友達に言われて気づいたことを話させ、相互評価をする。<br>○「私なら…」という発言があれば取り上げ、次時につなげたい。 |

## 図3　授業の実際

| 授業の流れ（資=資料・S=児童・Y=抽出児・T=教師） | 支　援 |
|---|---|
| T：見せたいものが3つあります。まず、1つ目（雪だるま）何でしょう？<br>S：貯金箱。置物。飾り。何かの入れ物。<br>T：何を入れるのかな？これは、こんな袋に入っていました。松ちゃん読んで。<br>S：「雪だるま弁当」。弁当かぁ。<br>T：上越新幹線の「新津駅」で買った駅弁です。<br>S：雪が多いからだ。　資:地図（場所を確認）<br>S：あっ、ここだ。 | ・雪だるま弁当を1番に持ってきたのは、形のユニークさで、雪だるま=雪が降るとイメージしやすいから。 |
| T：2つ目（印籠弁当）これです。何でしょう？<br>S：三段重ねだ。三段重ねのお弁当？これもお弁当？<br>T：こんなの見たことありませんか？こんなの堂々と見られないんだよ。「頭が高い」って叱られるよ。○○さんのお父さん、何ですか？<br>父：「印籠」です。<br>T：だれが持っているのでしょう？　何でしょう？<br>S：水戸（みずと）黄門（きいろいもん）？って書いてある。<br>T：これは茨城県の水戸駅で売っています。「みとこうもん」と読みます。江戸時代、水戸に住んでいたお殿様です。テレビで水戸黄門を見たことありませんか？<br>S：ああっ、ある。（少数の声） | ・印籠弁当は、歴史上の人物が弁当になる数少ないもので、隣の県で親しみやすく、テレビ番組にもあるから。 |
| T：さて、3つ目（菜の花弁当）これは、どこの駅でしょう？<br>S：千葉県かな？<br>T：お弁当の中を見ると、こうなっています。<br>S：黄色と茶色だ。<br>T：黄色は何を表しているかというと・・・菜の花。じゃあ茶色は？千葉県地図をみると「房総丘陵」ってあるでしょう。<br>S：千葉県の様子を、お弁当の中身で表しているんだ。<br>T：駅弁を見るとどんなことがわかりますか？全国には2500～3000種類の駅弁があって、1日に一個食べても7,8年かかるそうです。 | ・容器も中身もシンプルでわかりやすい。千葉県の地形や気候が一目でわかる。 |
| S：駅弁は、その場所の有名なものや、人がわかる。<br>S：どんな土地かもわかる。雪が多いとか台地とか。<br>T：そうだね。まず、千葉県の駅弁を調べてみよう。どこの駅にあるか教えよう。～省略～<br>どんなことを調べたいですか？どこの駅の弁当？これから、千葉県の駅弁について、徹底的に調べていきたいと思います。それを「攻略する」といいます。～省略～ | ・丁寧に1つずつ見ていくことで、駅弁からいろいろな情報が捉えられることをおさえる。 |

先生が見て、とても感心し、そのいくつかを学校給食でつくってみようということになった。対象になった作品の一つが「コンコン弁当」。まず稲荷寿司が二つ、さらに竹の子にレンコン、菜の花（千葉県の県花）の代わりにトウモロコシ、さらにサケの切り身。そして最後は千葉産のコシヒカリ。

これは栄養素的にきわめてバランスがいいと宍倉先生は判断した。そして、この「コンコン弁当」と「花ばたけきぶん」（これもいいネーミングだ）を四年生、九十五人を対象に給食として出したという。子どもたちもまさか自分たちのつくったオリジナル弁当を実際に食べられるとは思いもしなかったので、大喜びだったという。

これは学級担任と学校栄養職員が連携した見事な実践である。こんなふうに、教師と栄養職員がごく自然に手をつなげたら素晴らしい。

二十一世紀の学校教育がどう変わるかについては、さまざまにいわれている。私は、学級担任や教科担任の教師が一人で授業をやってしまうという時代は過ぎたと考えている。これだけ社会が進めば、とても一人ではできない。ならば、周囲の関係者の力を借りることである。健康教育や食教育で、最も頼りがいのあるのは、いうまでもなく学校栄養職員である。可能性は始まったばかりである。今開かれようとしている扉を開けるのはあなた自身の力である。

## 2　授業の技術

### 教育とは何か

授業の技術に入る前に、教育とは何か、教師とは何をすることが課題なのかについて述べておこう。酒井忠雄がかつて、次のように書いたことがある。

「歴史教育者は、そこに『ある歴史』を教えるのではなく、子どもを通して、何かを歴史にしていくのである。」

これは、教育といえば、ある一定の知識を与えていくことだと考えがちな傾向のなかで、貴重な提言となっている。酒井の場合は、歴史教育について述べているのだが、これはあらゆる教科等についても共通していえる真実である。下の図で説明しよう。

Aのように、教師が生徒に一方的に知識を伝えていくだけならば、教師の仕事なぞというものは大して意味のあるものではない。自分

教師と生徒のかかわり

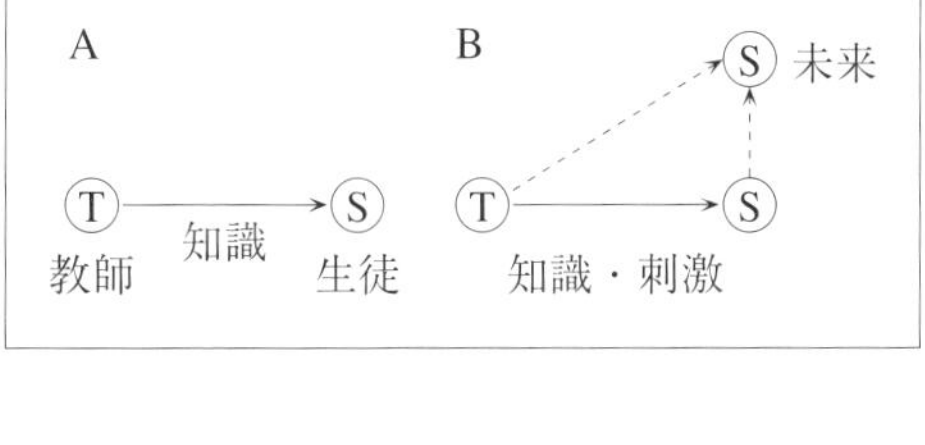

が生徒よりも多少多くのことを知っていて、それをただ授けていくだけなら、機械でも可能である。しかし、教育という仕事は、人間が人間に対峙するところにこそ本質がある。それを示したのがBである。そこでは教師は生徒に知識や刺激を与えるが、それはそれで終わりではなく、それらを通じてどのように彼らが未来をつくっていけるかを見通したうえで教育活動を行っている。酒井はこのようにもいう。

「教師は子どもを通して、そうした新しい歴史をつくっている。そのことと、将来子どもが『歴史をつくる』ことが相即している。教師が『つくる』ことに徹すれば徹するだけ、子どもは歴史をつくる子になる。」

教育という仕事は、ここでいわれているように、あくまでも間接的である。経済とか政治の世界では直接的に効果が問われることが多いが、教育は子どもの成長というフィルターを通して間接的にかかわっていくことを本質としている。だから、教育という仕事は難しいのである。

## 授業技術

教師の中心的課題は、何といっても授業である。学校というところは、授業だけやればいいところではないが、授業が教師の中心的仕事であることには変わりがない。下に示すのは、授業を見る視点である。いわば、授業検討の視点をまとめたものである。

これらの項目は、授業実践の注意事項でもある。まずそのなかで、「授業技術」について述べてみよう。

**【発問】**

「発問」とは、教師が生徒に発する問いかけである。質問が基本的に個人対個人で行われるのに対して、発問は授業という限定された場で、一人の教師によって多数の児童生徒に向かって行われるところに特色がある。そして、質問が基本的に未知なことを聞くのに対して、発問

授業を見る視点

(1) 授業技術
- 発問
- 指示・助言
- 板書
- 指名
- 机間指導

(2) 授業内容
- 発言、説明
- 資料（形式・分量などを含む）

(3) 子どもの反応
- 資料に対して
- 発問に対して

(4) 展開方法
- 時間配分
- 間の取り方
- 資料の位置づけ

(5) 教師の構え
- 話し方
- 子どもへの接し方
- 声の大きさ
- 教師の向き

の場合は、基本的に既知な事柄について問いかけを行う。つまり、知っていながら聞くのである。ここに、教師という職業の本質がある。自分では知っていることを、あたかも知らないかのように聞くのが教師なのである。それでは、なぜそんなことをあえてするかといえば、それは発問によって児童生徒に刺激を与え、思考を促すことが目的だからである。授業の善し悪しは、よく発問で決まるといわれる。たしかに発問によって子どもたちは乗ることもできるし、まただめになることもある。

小学校低学年の社会科があったころ、ある教師が「バスの運転手さん」という授業をした。教科書的にいえば、「バスの運転手さんはどんな仕事をしているでしょう」という発問になるが、当然のこととして、この発問ではほとんど子どもたちは動かない。そこでその教師は、「バスの運転手さんは、どこを見て運転しているでしょう」という発問をした。子どもたちからは「前を見ている」「横も見る」「後ろも見る」と多様な発言が出される。そこで、教師は「後ろを見るときは、何を見ながら見ているでしょう」と発問をする。「バックミラー」といえば、すかさず「バスにはバックミラーは何個ついているでしょう」と発問を繰り返していく。この授業は、発問の良さによっていかに授業が変わってくるかをよく示している。

発問としてやってはいけない発問というものがある。次の二つの発問である。

①「なぜ〜」…この発問をすると、必ず授業は固まってしまう。例えば「なぜ、徳川幕府は鎖国をしたのでしょう」と発問したとする。とたんに子どもの動きはストップする。この「なぜ〜」発問では、すぐには答が出せないからである。発問というものは、教師が発したと同時に返答を求めるものであるから、このような問いに答えることは困難なのである。「なぜ」という問題を設定して、時間をかけて調べてから発表することは当然のことながらできるのだが、発問として行うことはすべきではない。同じことは「どうして〜」発問の場合もいえる。

②「どんな〜」発問

同じく、「どんな〜」発問もだめである。例えば「縄文時代の人々はどんな生活をしていましたか」という発問である。これがだめな理由は、この発問では何を答えたらいいのかが不明だからである。授業の鉄則が、教師が何をしようとしているかがわからないのはだめだという点にあることを理解すれば、この理屈も理解されよう。

**【指示・助言】**

授業で教師は多くの発語をするのだが、そのなかでも重要な発語は発問である。これについてはさきに述べた。発問に続く重要な発語は指示であろう。指示というのは、「○○しなさい」という表現である。「ノートに取りなさい」「グループで話し合いなさい」などである。

指示の善し悪しも、明確であるかどうかで決まる。授業では、指示にかぎらず、「何をいっているかわからない」といわれるような発語はだめである。

「この教室の掃除をしなさい」と指示したとする。どれだけの子どもが取り組むだろうか。取り組まない原因は、この指示にある。この指示では、どの程度まで掃除をするのかが明確でないからである。昔、「これから掃除をします。一人十個ずつごみを拾いなさい」と指示した教師がいた。たしかにこの指示だと、子どもは動く。子どもからしてみれば、何をやればいいのかが理解されるからである。

また、指示で重要なことは、指示した内容をどれくらいの時間でやるのかを明確につけ足すことである。例えば、グループで話し合わせるとしたら、何分与えるかを明確に示すことである。具体的には「十時五十分までにやりなさい」ということである。

【板書】

板書にも、多くの技術がこめられている。板書の技術を以下に列挙する。

①どの子どもにも見える大きさの文字で書く。

これは大原則である。一般的にいえば、小学校の低学年では一辺が十センチメートルの正方形に入るように書き、六年生くらいだと六センチ程度の正方形に合わせて書くことが原則だといわれている。

②横書き、縦書きは教科書に従う。

黒板は横書きと縦書きの二つの方法があるが、これは教科書（副読本）に合わせるのが原則である。例えば国語や道徳などは縦書き、理科や算数などは横書きとなる。総合的な学習などは、内容に合わせて判断すればよい。

③板書は一時間一枚主義を原則とする。

これはかなり重要な原則である。黒板は一時間に一枚を使うことを原則とする。つまり、一時間で黒板一枚を完成させるということである。高等学校や大学では、はじから書いていって、黒板がいっぱいになると消してまた書くといったことがままあるが、本来は望ましいことではない。特に小・中学校では避けるべきである。

なぜこの原則があるかといえば、板書というものは授業の終了時に完成させ、その終了時の板書が、その一時間の授業内容の構造を示した形にすることが求められているからである。

したがって、原則としては書いた文字等を授業時間内では「消さない」ことである。消していいのは、脱線して話したことについてのメモなどである。

また、授業の事前に必ず板書計画を具体的に立て、実際に書いておくことが必要である。

これは教育実習などでは鉄則となっている。

④色チョークを組み合わせて使う。

小学校の授業などを見ると、「ホ…!」とため息の出るようなきれいな板書を見ることがある。文字の書き方もそうだが、赤や青、黄色などの色チョークを駆使してまとめあげていく技術も重要である。それぞれの色に意味をもたせていく。

⑤板書とノート指導は裏腹である。

これまでの記述からわかるように、板書は学習内容の構造図でもあるから、当然のこととして子どもたちはノートを取ることが多くなる。その意味で、ノート指導との連携も考慮に入れなければならない。

⑥板書と説明を同時に行わない。

ときに、説明しながら板書をしている先生を見かけることがある。これは慎まなければならない。子どもたちには一時に二つ以上のことを行うのは困難である。まず一つのことに専念させ、それが終わったら次のことに専念させることが鉄則である。

【指名】

指名の善し悪しによっても、授業は大きく変わってくる。ある学生が小学校五年生の子どもを対象に授業をした。途中までうまくいっていたのに、ある場面で「○○君、これについてどう思いますか」と、個人を示した。その子は突然の指名で黙ってしまったのだが、学生はさらに、「その隣から○○さんまでどうですか」と指名を続けた。そのとたん、授業は固まってしまい、教室はひっそりしてしまった。

これは、指名の仕方がまずかったのである。一般に、小学校では子どもたちが自主的に手をあげて、それを先生が指すというのが普通である。その学生は中学生を対象にした学習塾で教えていたため、ついつい中学生向けの指名をしてしまったのである。指名の仕方は学級担任によっても、ずいぶん違うことが多いので、あらかじめ確認しておいたほうがいい。

【机間指導】

最後に机間指導だが、子どもたちが作業をしているときには、教師は机間を歩いて指導をする必要がある。これにもいろいろな機能がある。

①観察・点検的機能
②診断・評価的機能
③指示・助言的機能
④提示的機能
⑤指導評価的機能

「提示的機能」とは、資料を見せるために、教師が机間を歩くことを意味している。また「指導評価的機能」とは、教師の指導がうまく機能しているかどうかを、みずからチェックすることである。したがって、机間指導とは、教師みずからの自己点検でもあるのである。

## 先生の条件

だいぶ前のことである。ある小学校六年生の男の子が次のような作文を書いたことがある。およそ、次のような内容である。

「いま、ぼくたちの学校に教育実習の先生が見えている。授業を受けていると、授業がうまい先生とそうでない先生がいる。その違いは□であると思う。」

この□のなかにどんな言葉が入るのか、とよく講演などで聴衆に問いかけることがある。聴衆からは「表情」「声の大きさ」「熱意」などが返ってくる。そのような常識的な答えを期待しているわけもなく、おもむろに正解を提示する。彼が書いている言葉とは、「間《ま》」なのである。彼は続ける。

「授業の上手な先生は、生徒から質問されると、それは来週までに考えてくるから、といってどんどんさきに進んでいく。ところが、そうでない先生は、質問されると、じっと計画表をのぞきこんで考えこんでしまう。それが十秒も続くと授業はしらけてしまうのだ。」

この作文を紹介すると、聴衆は例外なく、「ウーン」となってしまう。まさか、小学生から「間」の話を聞くとは思っていないからである。

この小学生は、「十秒も続くと授業はしらけてしまう」といっている。実際に十秒を測ってみると、意外に長いことがわかる。十秒あると、けっこう多くのことを話せるのである。毎日見ているニュースキャスターの話しぶりを見ているとよく理解される。

その後、私は授業の善し悪しは間の取り方で決まると考えるようになった。この小学生のおかげである。十秒が長すぎるとなると、何秒くらいの間がいいのだろう。私は三秒だと考えている。話の途中で三秒くらいの間を入れると、相手も間をとって聞くようになる。実は間を取るということは、単に時間の問題ではなく、授業者と子どもたちとの呼吸の問題なのである。自信のない実習生は子どもたちに向かってしゃべりまくる傾向にある。へたに子どもから質問されたりすると怖いからである。間断なくしゃべりまくっていれば、子どもたちからの質問などもなく、ひとまずは安心できるからであえる。しかし、教師としてはわかっているだけに、これほど辛いことはない。

この話をすると、よく、ではどうしたら間を取れるようになるんですか、と聞かれることがあった。初めはうまく答えられなかったが、最近は「それは自信をもつことですよ」と答えることにしている。自分に自信があれば間を取ることができるようになる。結局、ひとりよがりになったり、子どもから目を背けてしまうのは、自分に自信がないからである。この自信は二つの面から分析することができる。

一つは、教えるべき内容について十分な準備をしておくことである。学校栄養職員の皆さんは、教えるべき内容に関しては専門家だから問題はないと思うが、ポイントは子どもたちにとって興味ある授業ができるかという点である。

もう一つの点は、子どもたちとの関係がうまくいっているかということである。いくら内容について自信があっても、子どもたちとの関係がうまくいっていないと授業はうまくできない。信頼関係が十分あるかどうかで教室の雰囲気は一変する。

最後に子どもたちを前にして、授業ができるかと不安になっている方に申し上げたい。これは一般論でいつも学生たちにいっていることだが、教師になる条件は次の一点に尽きると考えている。

「子どもの成長を素直に喜ぶことができるか」

これだけである。教師も人間だから、すべての子どもと相性がいいというわけではない。本心ではこんな子どもは担任したくないな、と思うことだってある。しかし、子どもが成長して、こんなことができるようになったということになったとき、素直に心から喜べたら教師合格である。これは人間性の問題だから、そういうことができないのだったら、教師にはならないほうがいい。私はいつもこのようにいっている。知識なら時間をかけて準備すればなんとかなる。しかし、人間性の問題は一朝一夕では解決しない。

しかし、そのことは、これだけの条件を満たしていれば、勇気をもって教室に立てるということである。

教育はドラマです。さあ、勇気を出して子どもたちの前に立ってください。

**谷川彰英**（たにかわ・あきひで）……………………………………PROFILE
1945年、長野県松本市生まれ。

東京教育大学教育学部卒業、同大学院博士課程修了。博士（教育学）

現在、筑波大学副学長、附属学校教育局教育長。筑波大学教授。

森羅万象学べぬものはない、という信念で授業づくりを推進。

地名研究、食文化研究、マンガ論などで知られる。

日本生活科・総合的学習教育学会会長を経て、現在日本社会科教育学会会長、日本教育学会理事など。

文化活動として、エンジン01会員、マンガジャパン幹事など。

**［最近の主な著書］**
『NHK地球たべもの大百科』全14巻（監修、ポプラ社、2000～2001）
『地名の魅力』（白水社、2002）
『京都 地名の由来を歩く』（ベスト新書、2002）
『東京・江戸 地名の由来を歩く』（ベスト新書、2003）
『死ぬまでにいちどは行きたい六十六ヵ所』（洋泉社新書y、2005）

---

**食の授業をデザインする。**——学校栄養職員のために

2002年7月22日　発行
2007年4月1日　第2刷発行

著　者………**谷川彰英**

発行者………**細井壯一**

発行所………**全国学校給食協会**
〒102-0074 東京都千代田区九段南 2-5-10 九段鶴屋ビル1F
TEL 03-3262-0814　FAX 03-3262-0717
振替 00140-8-60732番
〈ホームページ アドレス〉http://www.school-lunch.co.jp

食のまなびやシリーズ❶

印刷……明和印刷株式会社
製本……有限会社中村製本所


ISBN978-4-88132-043-3　Printed in Japan.